Wolfgang Ebert · Stephen Potter
Pottern – die hohe Kunst, das letzte Wort zu haben

Wolfgang Ebert und Stephen Potter

Pottern –
die hohe Kunst,
das letzte Wort zu haben

Kabel

Grundlage für dieses neu konzipierte Buch
von Wolfgang Ebert bilden die Werke Stephen Potters:
Gamesmanship, Lifmanship, One-Upmanship, Supermanship
Rupert Hart-Davis, London

Umschlag: Theodor Bayer-Eynck
Titelillustration: Marion Brandes
Gesamtherstellung: Clausen & Bosse, Leck

ISBN 3-8225-0261-8

1   3   5   7   9   10   8   6   4   2

Inhalt

Das Potter System

Stephen Potter – wem ist der erlauchte Name dieses englischen Humoristen und Satirikers nicht geläufig, wer von uns hat nicht zumindest mal was vom Pottern läuten gehört? – Stephen Potter (1900–1969) gab seinen Lesern und damit Bewunderern das Rüstzeug in die Hand, in jeder Lebenslage, selbst aus der ungünstigsten Position heraus, bei jedem noch so auftrumpfenden Gegenspieler die Oberhand zu behalten. Pottern ist eine jederzeit anwendbare Methode, Angeber und verwandte Typen durch eine einzige, gut gezielte und getimte Bemerkung auf Null zu bringen. Solchen Zeitgenossen begegnet man überall: im Büro, in der Sauna, auf Parties, beim Golf, im Flugzeug und nicht zuletzt in der Familie. Und sie alle haben es darauf abgesehen, uns auszupottern. Das lassen wir uns nicht mehr bieten. Ab heute wird zurückgepottert – und das nicht zu knapp.

Um uns in dieser Kunst ganz sicher fühlen zu können, wollen wir bei unserem großen Lehrmeister in die Schule gehen. Sein klassisches, oft zitiertes Beispiel: Stellen wir uns eine gemütliche, niveauvolle, geistreiche Runde vor. Ein soeben aus der Toskana zurückgekehrter Politologe ist Hahn im Korb und führt das große Wort. Auf Grund intensiver Feldforschung ist er nämlich zu dem Schluß gekommen, daß die Christdemokraten in der Toskana stark im Aufwind sind. Diese Botschaft macht, als Tatsache aus erster Hand, auf seine Zuhörer einen tiefen Eindruck. Wie aber würde sich ein Potter-Adept in dieser Situation verhalten? Nun, er würde den Toskana-Experten zunächst mal seinen Triumph auskosten lassen, ihm dann in der Gesamtbeurteilung der dortigen politischen Situation weitgehend zustimmen, dann aber hart und unerbittlich zuschlagen: »Das mag ja alles so sein«, wird er mit Überzeugung sagen, »gilt aber nicht für den Süden«. Damit zieht er dem Experten gewissermaßen den toskanischen Boden unter den Füßen weg und erteilt ihm einen Schlag, von dem er sich für den Rest des Abends nicht mehr erholen wird. Dieses unschlagbare »aber nicht im Süden« als Standardbegriff des Potterismus läßt sich bei unendlich vielen Gelegenheiten anwenden, wobei Potter übrigens empfiehlt, einen Richtungskompaß zur genauen Bestimmung der Himmelslagen immer bei sich zu führen.

Wie und wo kann man das Pottern lernen? Nun, dieses Buch wäre nie entstanden, gäbe es in unserem Lande nicht ein deutsches Yeovil, eine Stätte, wo – wie an seinem Ursprungsort in England – die Kunst des Potterns gelehrt wird, und zwar ganz im Sinne und Geist ihres Erfinders, dessen Erbe hier gepflegt wird. Diese Stätte ist Schloß Bahlenberg in Württemberg/Hohenzollern, ein Geheimtip für alle Freunde des Potterismus, wo er gelehrt wird. Weil aber nicht jeder von uns die Zeit und das Geld hat, an einem solchen Lehrgang teilzunehmen, werden wir uns von Frieder Birnseif, der auf Schloß Bahlenberg vom Schüler zum Dr. Pot. promovierte, berichten lassen, was er dort erlebt und vor allem gelernt hat. Frieder Birnseif hat das Wort:

Zunächst ein Geständnis: Ich hatte damals noch nichts von Stephen Potter gehört. Eines Abends, auf einer Party bei den Heimleins, spürte ich auf einmal den Blick eines sehr soigniert wirkenden Herrn wohlgefällig auf mir ruhen. Er schien mich zu mustern. Wir kamen dann ins Gespräch, wobei er immer wieder ziemlich unverhohlen auf seine Westentaschen-Uhr blickte – wie ich heute weiß, eine typische Potter-Sitte, um dem Gesprächspartner zu zeigen, wie kostbar die ihm gewidmete Zeit ist. Er stellte sich als Prof. Weichteil-Ruters vor, bat aber sogleich, ihn nicht mit Herr Professor anzureden. Nach einem kurzen

Wortgeplänkel zog er mich beiseite und flüsterte mir, auf
äußerste Diskretion bedacht, zu:

»Ich glaube, Sie haben es!«

»Wie meinen? Was habe ich?«

»Das gewisse Etwas. Sie sind mir unter all diesen Lemu-
ren aufgefallen. Sie sind so echt, so natürlich. Sie geben
sich ganz so, wie Sie sind, mit Warzen und allem, bei Ihnen
weiß man sofort, woran man ist...«

»O danke«, flüsterte ich verunsichert.

»Menschen wie Sie haben es nicht leicht im Leben. Sie
lassen sich allzuleicht von den gerissenen Typen dieser
Welt an die Wand spielen.«

»Wie haben Sie das so schnell erkannt?« fragte ich be-
klommen.

»Schon die Art, wie Sie jetzt auf mich reagieren, ist für
mich der Beweis. Ich habe viel zu leichtes Spiel mit Ihnen.«

»Ich kann nun mal nicht aus meiner Haut.«

»O nein«, widersprach Weichteil-Ruters, »es geht viel
leichter, als Sie denken. Sagen Sie mal«, dabei faßte er
mich scharf ins Auge. »Sie haben doch sicher schon von
Schloß Bahlenberg gehört?«

»Natürlich!« log ich auf Deibel komm raus.

Er lächelte: »Natürlich nicht! Schloß Bahlenberg ist ein
Geheimtip nur für Eingeweihte. Eine Schule für Menschen, die es im Leben zu etwas bringen wollen, ohne sich
dabei zu überanstrengen. Man lehrt dort nach dem Potter-
System. Stephen Potter, sagt Ihnen der Name etwas?«

»Doch, doch, durchaus«, stammelte ich, »das ist doch
der bekannte Fernseh-Autor?«

»Nein, das ist Dennis Potter. Ich meine Stephen Potter,
für Sie vielleicht ein Schicksalsname. Mal kurz gefragt:
Wollen Sie ein Erfolgsmensch werden, ja oder nein?«

»Gewiß, wer will das nicht?«

»Vortrefflich. Sie haben das Glück, in mir dem Grün-
dungsmitglied der Deutschen Sektion der Freunde des Potterismus zu begegnen. Hier ist meine Karte. Rufen Sie

9

mich an, aber bevor ich nach Peking fliege, wo auf mich Beratungspflichten warten.«

Schon entzog er sich mir und wandte sich dem Ausgang zu. Ich eilte ihm nach.

»Auf Ihrer Karte steht keine Adresse, nicht mal eine Telefonnummer!«

»Oh, das habe ich glatt vergessen. Bitte passen Sie jetzt gut auf. Ich nenne Ihnen die Geheimnummer meines Sekretärs, der mir dann Ihren Anruf ausrichten wird: 87 28 92 28 16, wiederholen Sie bitte.«

»87 28 92 28 16« quetschte ich hervor.

»Gut«, sagte er mit einem ironischen Lächeln und verschwand auf eine Art, als befürchte er, die Gastgeberin könnte versuchen, ihn noch im letzten Moment mit einem Lasso einzufangen.

Ich war an einen echten Potterianer geraten. Unter der angegebenen Nummer meldete sich ein Beerdigungsinstitut. Nach vielem Hin und Her bekam ich die Nummer des angeblichen Sekretärs heraus. Der versprach mit öliger Stimme, meinen Anruf weiterzuleiten, rückte aber schließlich, von mir hart bedrängt und auch erst nach einer Woche, mit Weichteil-Ruters Geheimnummer heraus. Unter der meldete sich sein Anrufbeantworter (übrigens sollte ich später entdecken, daß Weichteil-Ruters ganz normal im Telefonbuch stand). Um es vorwegzunehmen: Von meinem heutigen Erkenntnisstand aus sind Anrufbeantworter eines echten Potterianers unwürdig. Sie dienen nur der billigen Pseudo-Potterei, durch die das echte Pottertum in Verruf gerät. Dieser Anrufbeantworter funktionierte so:

»Hier meldet sich die Residenz von Prof. Weichteil-Ruters. In seinem Auftrag teile ich Ihnen mit, daß er sich gerade in einer sehr kritischen Arbeitsphase befindet und deswegen seine Außenkontakte auf ein Mindestmaß beschränken muß. Sobald Prof. Weichteil-Ruters Zeit und Muße findet, wird er Ihnen gerne seine Aufmerksamkeit zuwenden. Bis dahin bitten wir um Geduld. Hinterlassen

Sie bitte Namen, Telefon- und Faxnummer. Besten Dank.« Die Stimme klang, als sei es Weichteil-Ruters persönlich. Auf eine solche Geduldsprobe wollte ich mich nicht einlassen. Wie kann man jemand, der sich hinter seinem Anrufbeantworter verbirgt, aus seiner Deckung hervorlocken? Obwohl noch ohne jede Erfahrung, denn ich gehörte ja nicht zu den von Potter Geweihten, tat ich dennoch instinktiv genau das Richtige: Ich hinterließ auf seinem Gerät die Mitteilung, daß ich ihn gerne zu einem intimen Abendessen mit Roderich d'Amico einladen würde, der ihn unbedingt kennenlernen wolle. Er unterbräche seinetwegen eine weltweite Vortragsreise und weile nur wenige Stunden in unserer Stadt. Diesem Köder konnte der Professor nicht widerstehen, und schon eine Stunde später meldete er sich: knapp, distanziert, überlegen, bedeutsam, gewichtig, mit seinem Namen.

Ich hatte mich auf seinen Rückruf ein wenig vorbereitet und darum eine Video-Aufzeichnung des Fußball-Länderspiels Deutschland–Schweiz im Hintergrund laufen, die ich sofort ein wenig lauter gestellt hatte und entsprechend überschreien mußte:

»Leichteil... wie?« Nun mußte er mir seinen Namen durch die Leitung brüllen. Angestrengt bemüht, erinnerte ich mich. »O pardon, Weichteil-Ruters, nett, daß Sie anrufen. Ist es sehr dringend? Ich sehe nämlich gerade etwas sehr Wichtiges im Fernsehen. Ich rufe Sie direkt nach der Sendung zurück.«

Ich hatte diesen Zug ganz zufällig in einer Fibel für Anfänger entdeckt. Nach zwei Stunden rief ich ihn an. Er wirkte etwas gereizt und brüllte seinen Namen geradezu. Ich bat ihn, etwas leiser zu sprechen, da ich jeden Augenblick mit einem neuen Hörsturz rechnen müsse. Woher ich diese Tollkühnheit nahm, ihn so zu provozieren, ist mir noch heute unbegreiflich. Es spricht aber für seine Klasse, sich nun wiederum nur dunkel an unsere Begegnung bei den Heimleins zu erinnern, wobei er auch noch die Gastgeber mit den Heisterbergs verwechselte.

»Nett, daß Sie sich mal melden. Wie geht's Ihnen denn. Was macht Ihr Zipperlein? Und was kann ich für Sie tun?«

Er schien fast den Hörer aus der Hand zu verlieren, faßte sich aber schnell: »Ich glaube, es ist eher so, daß ich etwas für Sie tun kann.«

»Genau. Sie sind ja der nette Herr, der mir diesen Potter-Kurs ans Herz gelegt hat, auf diesem Schloß Bahlenberg.«

Er konnte sich anfangs nur mühsam an mich erinnern. »Waren Sie nicht so ein kleiner Dicker, mit blasser Gesichtsfarbe, ohne Krawatte, mit offenem Hemd?«

»Exakt der«, gab ich zurück. »Ihr Personengedächtnis ist wirklich verblüffend. Was ich von Ihnen erbitte, ist die genaue Anschrift, mit neuer Postleitzahl, von diesem Schloß Bahlenberg. Der Ort ist auf meiner Landkarte nicht zu finden.«

Er, erstaunt, als habe er einen kompletten Idioten vor sich: »Sie können Schloß Bahlenberg auf Ihrer Karte nicht finden? Vielleicht gehören Sie überhaupt zu den Menschen, die sich mit dem Kartenlesen schwer tun. Haben Sie wenigstens auf Ihrer Karte Südwürttemberg-Hohenzollern entdeckt? Es liegt im Südwesten von Deutschland.«

Das bejahte ich eifrig.

»Aber Schloß Bahlenberg können Sie nicht finden?«

»Nein«, bestätigte ich eine Spur zu trotzig.

Er heizte mir weiter ein: »Darf ich mal eine indiskrete Frage stellen?«

»Ich bitte darum.«

»Wie alt sind Sie, ich meine wirklich?«

»Dreiundfünfzig, warum?«

»Da fängt das mit den Augen gewöhnlich an. Ich meine, daß man die kleinen Buchstaben nicht mehr erkennen kann. Sicher haben Sie manchmal auch so ein leichtes Flimmern vor den Augen?«

»Ganz und gar nicht. Nur dieses Schloß Bahlenberg...«

»Wie lange waren Sie nicht mehr zur Routine-Untersuchung?«

Ich murmelte etwas von drei Monaten.

»So ein grauer Star, das kann über Nacht kommen. Wie heißt Ihr Augenarzt?«

»Dr. Lanz.«

»Um Himmels willen, Dr. Lanz! Durch den ist ein Freund von mir fast erblindet. Wenn es um die Augen geht, kann man gar nicht vorsichtig genug sein. Ich gebe Ihnen mal die Nummer meines Augenarztes Dr. Fliet: 2677282. Berufen Sie sich auf mich, wegen seiner langen Wartezeiten.«

Irgendwie schaffte ich es, ihn auf unser Thema zurückzubringen. Fast widerwillig gab er mir die Adresse des Potter-Schlosses. Nun beging ich einen ausgesprochenen Anfängerfehler, indem ich fragte: »Schreibt man Bahlenberg mit oder ohne h?«

Er konterte mit einem unergründlichen Schweigen, ein Schweigen, als könne man seinen Ohren nicht trauen.

»Aber mein Bester! Sie werden doch wohl die Bahlenbergs kennen, eine Seitenlinie der württembergischen Hohenzollernfamilie!«

Einer plötzlichen Eingebung folgend, antwortete ich leise patzig: »Eine Seitenlinie dieser Seitenlinie schreibt sich mit h.«

»Gut gegeben. Für einen Anfänger recht wacker. Ich ahnte, daß Sie diesen ploy, wie Potter so etwas nennt, anwenden würden. Sie werden es im Potterismus weit bringen, dafür habe ich einen Riecher. Für Schloß Bahlenberg sind Sie genau der richtige Mann. Auf Krethi und Plethi ist man dort nicht erpicht. Ich werde mich für Sie verwenden. Nein, nein, bedanken Sie sich nicht, das würde ich auch für jeden anderen tun. Da fällt mir noch ein: Ihre Dinner-Einladung...«

»Gut, daß Sie mich daran erinnern. Roderich d'Amico hat leider kurzfristig absagen müssen.«

So leicht war Weichteil-Ruters nicht zu bluffen. Fast wie erleichtert rief er: »Das trifft sich gut. Dann brauche ich beim Bundespräsidenten nicht abzusagen, der mich nach Bellevue eingeladen hat. Er hätte es mir nie verziehen.« Dann machte er mir noch ein Kompliment: »Ganz geschickt gespielt, diese Einladungsmasche. Dabei fällt mir die Bliss-Variante ein: Arthur Bliss war ein Mann, der nach eigenen Angaben noch Meister Potter persönlich die Hand gedrückt haben will, nach unseren Berechnungen also im zarten Alter von drei Jahren. Die Bliss-Variante geht so: Er hätte an Ihrer Stelle gefragt, ob auf meinem Terminkalender der 2. Oktober nächsten Jahres noch frei wäre. Darauf hätte ich bedauernd erwidert, daß ich am 2. Oktober an der Pugwash-Konferenz in Peru teilnehmen müßte, es aber vielleicht einrichte könnten, einer Dinner-Einladung am 4. Oktober folgen zu können. Sie wiederum hätten für diesen Termin leider Tickets für die Met, wo Placido Domingo den Parsival sänge.«

Während er mir diese Belehrung erteilte, die ich natürlich beflissen mitschrieb, klingelte es bei ihm im Hintergrund. Erst später wurde mir klar, daß die Potterianer ihre kleinen Signale haben, derer sie sich je nach Bedarf bedienen können, um Gespräche abzukürzen. Beliebt sind auch Tonbänder mit der Stimme des Briefträgers oder der Aufwartefrau, die eine Unterschrift benötigt. Ein uralter Potter-Trick besteht auch darin, sich beim Telefonpartner kurz zu entschuldigen, den Hörer neben den Apparat zu legen und ihn dort einfach zu vergessen. Weichteil-Ruters zeigte sich immerhin geneigt, mir eine Begegnung zu gewähren, um mir ein paar nützliche Tips für Schloß Bahlenberg zu geben, und schlug dazu das Café Grüber vor.

»Ich weiß nicht, ob Sie so etwas mögen, ich jedenfalls liebe diese kleinen altmodischen Cafés. Mein Café Grüber ist ein absoluter Geheimtip, das deliziöse Schmalzgebakkene, alles aus dem Backofen von Mutter Grüber, vor allem sind wir dort ganz ungestört und unbeobachtet. Ich habe nämlich meine Gründe, mich nicht allzu öffentlich zu zeigen. Sie verstehen, was ich meine. Also Café Grüber, Donnerstag, 13 Uhr. Bis dahin.«

Ich ging davon aus, daß er sich um mindestens zwanzig Minuten verspäten würde. Um meine Eignung zu demonstrieren, wollte ich auf keinen Fall vor ihm dort sein, sondern einen Blick von außen ins Lokal werfen und gegebenenfalls noch eine Runde um den Block drehen. Zu meiner Überraschung war er auf die Minute pünktlich und saß kerzengerade an einem Zweiertisch etwas abseits, fast vollständig hinter einer »Times« verborgen. Nach einer kurzen Begrüßung kam er gleich zur Sache, indem er eine Geländekarte ausbreitete, um mir Bahlenberg zu zeigen. Meiner Augen wegen hatte er dazu ein Vergrößerungsglas mitgebracht. Als ich mich dessen bediente, starrte ich auf ein Alpenpanorama.

»Sie müssen ganz genau hinblicken, sonst erkennen Sie nichts. Sehen Sie es?«

»Ja, hier, allerdings ziemlich winzig« log ich.

»Das Schloß liegt drei Kilometer vom Ort entfernt in einer Waldmulde« erläuterte er. Dann – als überreiche er mir brisantes Geheimmaterial – zog er einen Umschlag aus einer Ledertasche, wobei er sich in dem fast völlig leeren Café vorsichtig umsah und leise fragte, ob wir meiner Meinung nach beobachtet würden. »Ich muß höllisch aufpassen, sie sind nämlich alle hinter mir her und lassen mich nicht aus den Augen, meine Beschatter. Jetzt wissen Sie auch, warum ich mich telefonisch so abschotte.«

Der Umschlag enthielt die genaue Adresse und die Anfahrmöglichkeiten. Als ich zaghaft von einem Empfehlungsschreiben sprach, zeigte er sich zugeknöpft. »Der gegenwärtige Leiter des Potter-Zentrums, Baron Holch, ist zwar ein alter Freund von mir, zur Zeit ist man aber im Schloß nicht gut auf mich zu sprechen, weil ich einige Reformen vorschlug, die den erbitterten Widerstand der Etablierten herausforderten. Im übrigen: Sie sind aus anderem Holz geschnitzt als die Schwachköpfe, die unbedingt Protektion brauchen. Wahrscheinlich würde ich Ihnen mit einem Empfehlungsschreiben gar keinen Gefallen tun. Nun aber gleich eine Mahnung: Stecken Sie nicht vorschnell auf, wenn Ihre ersten Bewerbungsschreiben als ›unzustellbar‹ zurückkommen, eventuell sogar mit dem Vermerk ›Annahme verweigert‹, ›Adressat unbekannt‹ oder ›Irrläufer‹. Was ein zünftiger Potterer ist, der findet immer Mittel und Wege, sein Ziel zu erreichen.« Dann zitierte er einige bewährte Tricks, die Festung Bahlenberg zu stürmen:

Die Keil-Düllmann-Masche:

Keil-Düllmann erzwang sich den Aufenthalt auf Schloß Bahlenberg, indem er sich als Beauftragter der Elektrizitätswerke ausgab, der beauftragt ist, das ganze Strom- und Heizsystem einer Sicherheitsüberprüfung zu unterziehen. Dazu hatte er sich ein entsprechendes Outfit zugelegt, und auch die notwendigen Meßgeräte fehlten nicht. Er machte sich auch tatsächlich am Strom-Aggregat zu schaffen und bewirkte in kurzer Zeit einen totalen Kurzschluß im Schloß. Darauf schöpfte man Verdacht und entlarvte ihn schließlich als Betrüger. Zugleich wurde Keil-Düllmann aber zur Belohnung für seinen phantasievollen Versuch die Erlaubnis erteilt, an einem Sechswochen-Seminar teilzunehmen. Man hatte seine Unverfrorenheit aber unterschätzt: Schon am vierten Tag brach er seine Teilnahme an dem Lehrgang ab, Begründung: Ihm könne man nichts mehr beibringen. Auch das machte ihn zu einer legendären Figur in der Geschichte des Potterismus.

Als nächstes verwies Weichteil-Ruters auf die

Lisa-Dusenschön-Methode:

Lisa Dusenschön verschaffte sich hohes Ansehen im Schloß, indem sie in Männerkleidung, mit der obligatorischen Strumpfmaske verhüllt, eine Schreckschußpistole in der Hand, bis in die Küche vordrang, wo Emil, der Koch, gerade sein berühmtes delikates Soufflé vorbereitete. Der Institutleiter, der zufällig gerade die Küche inspizierte, durchschaute das Spiel sofort und rief geistesgegenwärtig, als führe er in einem TV-Studio Regie: »Bitte alle Darsteller und Komparsen zurück an ihre Plätze, wir drehen diese Szene gleich noch einmal.« Dann flüsterte er dem noch nicht identifizierten Eindringling zu: »Ihre Maske sitzt nicht ganz fest, darf ich mal eine kleine Korrektur anbringen?« Das brachte Lisa Dusenschön völlig aus der Fassung. Sie streifte ihre Maske ab, gab ihre Identität preis und wurde von der Potter-Gemeinde herzlich aufgenommen.

Ein anderes Entree, das Pottergeschichte gemacht hat, ist die

Hans Graupler-Masche:

Es war an einem trüben Spätnovember-Abend. Die Veteranen des Instituts saßen am Kamin, starrten ins lodernde Feuer und vertrieben sich den Trübsinn durch Gespenstergeschichten. Plötzlich war vom Keller her ein gewaltiges Dröhnen zu vernehmen, das offenbar von einem Preßlufthammer kam. Die eben noch verschlafene Runde schreckte auf und warf sich besorgte Blicke zu. Plötzlich brach in der Mitte des Salons, wo der große Eichentisch stand, dieser mit großem Getöse ein. Ein großes Loch, fast schon ein Abgrund, tat sich auf, und ein Mann, eben jener Graupler, erschien mit einem Eispickel in der Hand und stellte sich der staunenden Runde vor. Dann erklärte er seinen seltsamen Auftritt so:

Er sei monatelang ohne Antwort auf seine Bewerbung geblieben und habe sich schließlich zur Selbsthilfe gezwungen gesehen. Dazu habe er an der schmalsten Stelle des Vorgeländes, dort, wo das kleine Wäldchen ist, einen Stollen gegraben, der ihn schließlich bis hierher geführt habe. Natürlich wurde auch Graupler seines originellen Einfalls wegen mit einer Kursteilnahme belohnt, wurde aber zur Begleichung des durch ihn entstandenen Schadens verdonnert.

Nach einer kurzen Pause, während der Weichteil-Ruters und ich herzhaft dem Schmalzgebackenen von Mutter Grüber, einer Sonderanfertigung für Weichteil-Ruters, zusprachen, setzte er seine Belehrung fort. Wie ich das noch oft bei Potterianern erleben sollte, wenn sie die Chance haben, als Lehrmeister vor einem Novizen brillieren zu dürfen, fühlte er sich ganz in seinem Element:

»Sie werden mich jetzt fragen: Und was ist, wenn meine Bewerbung einen guten Eindruck macht und ich eine Einladung erhalte? Nun, ich selber habe mich natürlich nie bewerben müssen, ich wurde ins Schloß berufen. Ich kann Ihnen da kaum gute Ratschläge erteilen. Von mir können Sie nur erfahren, was Sie tun sollen, wenn Sie überhaupt keine Antwort bekommen. Dann sollten Sie ein Fax an die Institutsleitung senden, worin Sie sich auf ein nie erhaltenes Fax beziehen, das angeblich Ihre Aufnahme bestätigt, und zugleich Ihre Ankunftszeit avisieren. Bedauerlicherweise könnten Sie erst ein paar Tage später eintreffen, man möge aber den Kurs ruhig ohne Sie beginnen. Es dürfte nicht ohne einen gewissen Eindruck bleiben, wenn es in Ihrem Fax von Tipp- und orthographischen Fehlern und fast unleserlichen Korrekturen nur so wimmelt. Vielleicht sollten Sie auch noch einen völlig falschen Adressaten, den Sie durchgestrichen haben, stehen lassen. Nun können Sie mit einem in jeder Hinsicht sauber und vornehm gehaltenen Antwort-Fax rechnen, dem Sie entnehmen, daß Sie schon seit einer Woche überfällig sind, eine Erklärung oder Entschuldigung aber bisher ausgeblieben sei. Dabei wird auf eine rückdatierte Vereinbarung verwiesen. Dieses Spiel läßt sich ad infinitum verlängern.

Tun wir mal so, als ob Sie endlich im Besitz einer Einladung wären und an einem Potterlehrgang teilnehmen dürften. Fangen wir mit Ihrer Ankunft an, sie ist das A und O Ihres Erfolges. Dabei müssen Sie darauf gefaßt sein, daß das eindeutige Ziel des Lehrgangs darin besteht, Ihnen gleich zu Anfang den Schneid abzukaufen, Sie kleinzukriegen. Dabei genießen Ihre Gastgeber auch noch den

Platzvorteil des Heimspiels. Sie werden Ihnen, wo und wann sie können, Knüppel zwischen die Beine werfen, und zwar auf Potterart.«

Weichteil-Ruters trank einen Schluck Kaffee und fuhr mit seiner Belehrung fort:

»Erschrecken Sie nicht, wenn das Schloß von weitem wie ausgestorben wirkt. An der Eingangspforte erwartet sie dann ein Schild mit der Warnung: ›Vorsicht: Keinen Schritt weiter! DDR-bewährte Selbstschußanlage!‹ Oder: ›Äußerst bissiger Kampfhund! Letzte Warnung!‹ Dazu ist von einem Tonband wütendes Bellen und Gejaule der Tiere zu hören. Es könnte Ihnen auch passieren, daß Sie auf eine Tür an einer eisenbeschlagenen Pforte zulaufen, auf der mit Kreide geschrieben steht: ›Wegen Renovierung auf unabsehbare Zeit geschlossen.‹ Nicht auszuschließen ist auch die Möglichkeit, daß aus den Schießscharten des Schlosses Gewehre auf Sie gerichtet sind und ein paar Schüsse abgefeuert werden, was Sie zwingt, in Deckung zu gehen, woraufhin höhnisches Gelächter ertönt. Wie auch immer: Sie werden sich bei Ihrer Ankunft auf unangenehme Weise beobachtet fühlen. Wie Sie damit fertigwerden, davon wird es abhängen, ob Sie es auf Schloß Bahlenberg zu Meisterwürden bringen oder nicht.

Einige Novizen haben sich große Mühe gegeben, durch besonders spektakuläre Ankünfte Eindruck zu machen, und so mancher unter ihnen ist dadurch in die ehrwürdigen Annalen des Instituts eingegangen. Ich gebe Ihnen ein paar Beispiele, um Wiederholungen zu vermeiden:

Die Hehler-Behler-Ankunft:

Hehler-Behler hielt seinen Einzug in einer Vierspänner-Kalesche und erkundigte sich nach der Begrüßung durch den Majordomo nach Stallungen für die Pferde.

Die Isolde Brunch-Ankunft:

Isolde Brunch joggte wie zufällig vorbei, schwenkte dann zum Eingang ein, lief noch ein paar Runden durch die Gänge des Schlosses und tat so, als habe sie von dem Schloß und seiner Bestimmung noch nie etwas gehört, zeigte sich dann sehr interessiert und blieb gleich da.

Die Walter Trautloff-Ankunft:

Walter Trautloff machte sich auf Schloß Bahlenberg durch seine Ankunft in einer von vier echten chinesischen Kulis getragenen Sänfte unsterblich. Er selber war in der Tracht eines chinesischen Mandarins gekleidet.

Die Paul Düster-Ankunft:

Paul Düster traf an einem brennend heißen Julitag in einem Saville Club-Aufzug mit Bowler und Stehkragen ein, wurde aber von einem der Empfangschefs in Shorts begrüßt. Als er peinlich berührt den ironischen Blick des Empfangschefs bemerkte, erklärte er näselnd, ihm sei die legendäre Seriosität des Instituts wohl bekannt gewesen, diesem Geist habe er sich mit seiner Kleidung anpassen wollen. Ihm wurde daraufhin brüsk der Weg zu den Waschräumen gewiesen, m. a. W. ihm wurde bedeutet, daß sein Schweißgeruch unerträglich sei.

Gern wird auch die Geschichte eines gewissen

Miller-Ast

erzählt, der an einem Septembertag im Anglerdress erschien, in der Annahme, es gäbe in dieser Gegend ein Gewässer, worauf er sich dann, als er eine negative Auskunft bekam, beschwerte. Als er später dabei erwischt wurde, wie er seinem Sport eines Nachts am Goldfischteich am Schloßgarten nachging, wurde er hochkantig hinausgeworfen.

Das sind alles so kleine Gags«, erläuterte Weichteil-Ruters, während er mit einem Taschentuch einen Kuchenkrümel – »Sie erlauben doch?« – von meiner Nase entfernte, »durch die ein gewisser Eindruck auf das Establishment des Hauses gemacht werden soll.

Irgendwelche weiteren Fragen?«

»Nur: Womit muß der Neuankömmling noch rechnen?«

»Mit allem. Sogar mit dem Stinknormalen. Es ist gar nicht ausgeschlossen, daß Sie ganz normal wie in jedem Hotel oder Sanatorium empfangen werden.«

»Und die weniger normalen Ankünfte?«

Weichteil-Ruters hatte sofort einige Beispiele parat: »Zum Beispiel der

Pfützenempfang:

Hinter dem Schloß befindet sich ein winziges Gewässer, eher eine große Pfütze. Dorthin wird der ankommende Kursteilnehmer von einem der Schloßdiener so dirigiert, daß er beim Aussteigen unweigerlich bis zu den Hüften im Schlamm versinkt, was seiner Ankunft die Würde nimmt. Um ihm aus der Patsche zu helfen, werden ihm Stangen entgegengehalten, an denen er sich mühsam auf trockenere Gefilde ziehen lassen muß. Von einem Detlef Kalb wird berichtet, er habe sich in weiser Vorausahnung in einem Laden für US-Restbestände Mekong-Sumpfstiefel besorgt und sei damit ganz gleichmütig ans Ufer gewatet – wo er allerdings sofort gebeten wurde, seine Stiefel auszuziehen, um die kostbaren Parkett-Böden nicht zu beschmutzen.

Der Behinderten-Empfang:

Wenn Sie mit dem Zug ankommen und Ihre Ankunftszeit bekannt wird, wird man Sie womöglich vom Bahnhof Bahlenberg mit einem Sanitätswagen abholen und Sie, trotz energischen Einspruchs Ihrerseits, auf eine Tragbahre schnallen und Sie so ins Schloß tragen. Eine Ankunft, die nicht nach jedermanns Geschmack ist.«

»Wie kann ich sie unterlaufen?«

»Indem Sie den Zug eine Station vorher, in Dürndlheim, verlassen, von dort ein Taxi nehmen, in Schloß Bahlenberg vorfahren und sich in aller Arglosigkeit nach dem aktuellen Kaufpreis erkundigen, Sie hätten die Verkaufsanzeige gelesen und seien interessiert. Im Konterschlag – man ist dort sehr gewitzt, das dürfen Sie nicht unterschätzen – könnten Sie Ihnen entweder einen Spottpreis oder einen grotesk hohen Preis nennen. In jedem Fall werden Ihnen für diese Idee aber ein paar Pluspunkte angerechnet.«

Weichteil-Ruters Unterweisung näherte sich ihrem Ende. »Letzte Warnung: Sie müssen damit rechnen, daß man Ihnen zunächst ein Quartier unterm Dach zuweist, ein elendes kleines Loch.«

»Wie soll ich darauf reagieren?« fragte ich.

»Indem Sie ihnen den Wind aus den Segeln nehmen durch die Verkündung, daß das Zimmer genau den Anweisungen Ihres Arztes entspräche, der es Ihnen strikt untersagt habe, niedriger als zehn Meter über dem Erdboden zu schlafen, oder aber«... er machte eine gewichtige Miene und nestelte eine kleine runde Schachtel aus seiner Weste, »Sie bedienen sich dieses Vegorators. Ein unentbehrliches Gerät für diverse Notfälle. Gebrauchsanweisung ist inwendig. Das Ding wirkt Wunder.«

Wie recht sollte er behalten!

»Gehen Sie mit Gott«, sagte er zum Abschied und reichte mir bedeutungsschwer die Hand. Von dieser Seite kannte ich Weichteil-Ruters noch gar nicht.

Ankunft auf Schloß Bahlenberg

Ich hatte mir, vorgewarnt durch Weichteil-Ruters, alle möglichen Ankunftsmöglichkeiten ausgerechnet, nur nicht die, die mich dann wirklich erwartete. Kaum war ich meinem Taxi entstiegen, stürzten sich vier Männer auf mich, durchsuchten mich peinlich genau, legten mir Handschellen an und schleppten mich, trotz heftiger Gegenwehr, zur Schloßwache. Dort wurde meine Identität penibelst überprüft, das Foto auf meiner ID-Karte als gänzlich unähnlich und mein Aufnahmebrief als miese Fälschung bezeichnet. Aufgrund meines energischen Protestes und meiner Drohung, ich würde mich bei meinem Schulfreund, dem Innenminister dieses Landes, beschweren, nahm man mir die Handschellen ab und rang sich zu einer knappen Entschuldigung durch. Es habe sich um eine Routine-Maßnahme gehandelt. In letzter Zeit seien häufig Geisteskranke aus dem nahegelegenen Sanatorium ins Schloß eingedrungen, darum müsse man ständig auf der Hut sein.

Ich wurde nun von meinem Empfangskomitee in mein Quartier eingewiesen. Wie von meinem Mentor vorausgesagt, handelte es sich um ein Loch ohne Luft und Licht, von Aussicht ganz zu schweigen. Statt eines Bettes gab es eine harte Pritsche. Ich befolgte Weichteil-Ruters Ratschlag und bat um eine Hausbesichtigung. Meine Bitte wurde mir anstandslos gewährt. Auf meinem Rundgang gefiel mir ein sonniger, angenehm möblierter Raum mit herrlicher Sonnenterrasse am besten. Er war offensichtlich für exquisite Gäste reserviert. Ich durchschritt das Zimmer mit besorgtem Blick. Dann zog ich meinen Vegorator und fuhr mit ihm sorgsam die Wände und Möbel ab. Ich bemerkte eine gewisse Unruhe bei meinem Begleiter. Ich fragte ihn, wann der letzte PCB-Test vorgenommen worden war. Davon hatte er offenbar noch nie gehört. Ich sah nun immer besorgter auf meinen Vegorator. »Irgendeine Gefahr?« wollte mein Begleiter, ein Mann namens Rudolfstadt, wissen. Ich wiegelte lächelnd ab: »Nur, wenn man sich hier länger als eine Stunde aufhält. Das ganze Material ist partiell innerlich verseucht, und welche Wirkung das auf jemand hat, der hier länger wohnen muß, könnte erst ein Test ergeben. Dazu würde ich mich gerne freiwillig zur Verfügung stellen, wenn Sie gestatten, denn ich bin PCB-immun. Ich habe schon mehrere solcher Tests unbeschadet überstanden.«

Damit hatte ich das Spiel gewonnen und bewohnte eines der schönsten Zimmer im Schloß, was viel Neid erregte.

11. Juni: Als ich heute morgen den Frühstückssaal betrat, wo die Teilnehmer an vielen viereckigen Tischen saßen, fand ich keinen freien Platz. Bernd Grillhausen, Sektionschef, zuständig für Unterbringung und dergleichen, zog umständlich eine Uhr aus seiner Westentasche und ließ seinen Blick kommentarlos zwischen mir und seiner Uhr hin- und hergehen. Sonst kümmerte sich niemand um mich, man tat, als sei ich Luft. Auch für eine solche Eventualität konnte ich auf Weichteil-Ruters Ratschläge zurückgreifen. Vorbeugend war ich mit einem Rucksack erschienen, hatte eine kleine Campingdecke dabei und setzte mich, als sei das die selbstverständlichste Sache der Welt, auf den Saalfußboden. Dann holte ich aus meinem Rucksack Wurst, Käse, Brot und breitete alles vor mir aus. Von allen Seiten gab es Beifall, den ich wie ein erfolgsgewohnter Schauspieler entgegennahm. Mein Entree war geglückt, und mir wurde ein Tischplatz eingeräumt.

Mit mir am Tisch saßen Kursteilnehmer, die mich betont ignorierten und sich bestenfalls dazu herabließen, mir ein knappes Kopfnicken zu gönnen. Sie hießen, wie ich ihrem Gespräch entnahm, das sich vornehmlich um die Qualität des Frühstücks drehte, Trude, Edgar und Florestan. Mich konnte diese Brüskierung nicht im mindesten überraschen. Mein vorher sorgfältig geplanter Gegenzug bestand darin, statt mich am Self-Service-Tisch zu bedienen, aus meinem eigenen Frühstückskorb den Beluga-Kaviar mit einem Fläschchen Prosecco zu genießen. Nicht ohne Genugtuung stellte ich aus den Augenwinkeln verstohlen fest, daß ich nun ihre Aufmerksamkeit hatte. Unbekümmert, als stünde ich schon lange mit ihnen auf vertrautem Fuß – »Trude, reichen Sie mir mal bitte das Salz, dankeschön« –, schwadronierte ich drauflos: »Den echten Beluga, darin sind wir uns wohl alle hier am Tisch einig, bekommt man nur in Sebastopol – Sewastopol, wie der Russe sagt, in der Kopekenstraße.« Meinen Tischnachbarn lief das Wasser im Munde zusammen, und ich setzte noch einen drauf: »Es mag ja in Ihren Augen verrückt klingen, aber ich kann nun mal auf mein kleines Sektfrühstück nicht verzichten.« Natürlich ließ ich es mir nicht nehmen, sie an meinem Frühstück teilnehmen zu lassen. Damit war das Eis gebrochen.

Nach dem Frühstück begab ich mich zu meinem ersten Seminar. Im Gang dorthin trat mir ein silberhaariger, sonnengebräunter Mann in meinem Alter entgegen. Es war, wie ich später erfuhr, Graf Thorn, die Graue Eminenz des Schlosses, der mich schon von weitem strahlend begrüßte, mich dann an den Schultern packte und, für alle zum Mithören, rief: »Ralf, alter Junge, wo hast du denn all die Jahre gesteckt? Fein, dich mal wiederzusehen. Wo haben wir uns eigentlich zuletzt gesehen, Acapulco, Zermatt? Hilf mir mal auf die Sprünge.«

Solche Verwechslungen gehören natürlich zu den vielen Tests für Novizen wie mich. Dieser beruht auf dem von Prof. Rudolf Wendrian 1926 veröffentlichten Standardwerk »Das Du und das Ich«, worin die sensationelle Entdeckung stand, daß Menschen durch nichts so sehr aus der Fassung zu bringen sind, als wenn sie ihre Identität in Frage gestellt sehen. Das war jedenfalls meine erste echte Feuerprobe. Daß ich sie einigermaßen bestand, verdanke ich meinen umfassenden Vorstudien, u. a. der Lektüre der unsterblichen Werke, die uns Potter hinterlassen hat. Ich sah also meinem Gegenüber tief in die Augen und sagte mit Grabesstimme: »Du weißt wahrscheinlich gar nicht, daß Ralf, mein Zwillingsbruder, im Grand Canyon einem Hitzschlag erlag? Ich bin Rolf, sein Bruder.«

Graf Thorn stutzte, lächelte anerkennend, sagte nur »Pardon« und zog weiter.

Leicht beschwingt setzte ich meinen Weg zu meinem ersten Proseminar fort. Es war mir von der Leitung freigestellt worden, mich in einem Kurs für Fortgeschrittene einschreiben zu lassen. Ich zog es indessen vor »from the bottom«, wie man so schön sagt, von der Pike auf das Handwerk des Potterns zu lernen. Das Thema des Proseminars war Gamesmanship.

Gamesmanship

Mit Gamemanship hat alles angefangen. Es ist das Fundament der ganzen Potterschen Lehre. Der Meister hat es sinngemäß so formuliert: Gamesmanship ist die Kunst, in Sport und Spiel zu gewinnen, ohne wirklich zu mogeln.

Laut Stundenplan sollte das Seminar logischerweise auf dem Tennisplatz des Schlosses stattfinden, denn auf einem Tennisplatz hat ja die Potter-Bewegung ihren Anfang genommen. Ich war etwas aufgeregt, denn nun würde gewissermaßen meine offizielle Aufnahme vollzogen werden.

Als ich mich auf dem Tennisplatz einfand – es war auf dem ausgehängten Tagesplan um strikteste Pünktlichkeit gebeten worden –, war noch keine Menschenseele zu sehen. In einiger Nähe standen ein paar Kursteilnehmer plaudernd herum, darunter zwei in ausgesprochener Anti-Tenniskleidung, also völlig daneben. Bevor ich mich ihnen zugesellte, studierte ich noch meine Notizen mit den Tips, die mir Weichteil-Ruters mit auf den Weg gegeben hatte, und nickte den anderen von weitem kurz grüßend zu, so als ob sie sich noch einen Augenblick ohne mich zu gedulden hätten. Ich hielt nun, für alle gut sichtbar, meinen Schläger, nachdem ich seine Saiten gezupft und an mein Ohr gehalten hatte, gegen den Wind, um die Windrichtung zu`prüfen. Dann beugte ich mich tief hinab und prüfte mit den Fingerspitzen den Bodenbelag. Die anderen Teilnehmer wurden aufmerksam, vor allem, als ich meinen Vegorator herauszog und ihn dicht über dem Boden kreisen ließ.

»Irgend etwas nicht in Ordnung?« hörte ich hinter mir eine weibliche Stimme fragen. Es war die bezaubernde

27

Linda, die mir schon beim Frühstück aufgefallen war. Sie sah mich besorgt an.

»Nein, nein, Sie brauchen sich wirklich nicht allzusehr zu ängstigen. Das ist ein alter Tick von mir. Ich muß einfach auf allen Tennisplätzen, auf denen ich spiele, die Radioaktivität messen. Im English Lawn Tennis Club in Singapur mußte darum einmal der Platz blitzartig geräumt werden.«

»Und was haben Sie hier herausgefunden?« fragte sie mich mit einer gewissen Ehrfurcht.

»Noch innerhalb der Toleranzgrenze. Das kann sich aber, wie der Fachmann weiß, von Minute zu Minute ändern. Mir macht das bißchen Radioaktivität nichts aus, es ist nur für Spieler bedenklich, die bei ihrem Spiel an ein hohes Laufpensum gewöhnt sind.«

Jemand klatschte in einiger Entfernung in die Hände. Es war unser Seminarleiter Adamski, der uns zusammentrommelte. Linda, die aus ihrer Bewunderung keinen Hehl mehr machte, und ich näherten uns gemessenen Schrittes der Gruppe. Adamski hielt eine kurze Ansprache:

»Zur Einführung unseres neuen Lehrgangs wollen wir im Geist das Spiel nachvollziehen, das von allen Potterianern in ehrenvoller Erinnerung gehalten wird. Es fand am 8. Juni 1931 statt und ist darum in die Annalen des Potterismus eingegangen, weil es die Initialzündung für Meister Potter zur Entdeckung von Gamesmanship war.« Adamski setzte seine Brille ab, warf einen Blick in die Runde und fuhr fort: »Stephen Potter, der meinem Vater noch kurz vor seinem Tod das ›Stephen‹ anbot, hat dieses so bedeutsame Ereignis so anschaulich beschrieben, daß ich ihn mit seinen eigenen Worten sprechen lassen will.« Er setzte seine Brille wieder auf und begann vorzulesen:

Wie Stephen Potter Gamesmanship erfand. Ein Selbstzeugnis

Was ist Gamesmanship? Diese Frage in gebotener Kürze zu beantworten, ist fast unmöglich. Über das Spielen und über diverse Spieltaktiken wurden schon 500 Bücher verfaßt. Kein einziges aber über die Kunst des Siegens. Darüber habe ich mit Freunden endlose Gespräche geführt, und dann beschloß ich am 8. Juni 1931, ein Buch über Gamesmanship zu schreiben. Die Idee kam mir in der Umkleidekabine eines Tennisplatzes, der zu einem kleinen, aber fortschrittlichen College gehörte, wo ich Vorlesungen hielt. Mein regelmäßiger Partner war ein gewisser C. Joad, der sich auch als Metaphysiker einen Namen gemacht, sich aber vor allem durch seinen Beitrag zu Gamesmanship in die Annalen unserer Bewegung eingeschrieben hat. Er war es nämlich, der an jenem 8. Juni der ganzen Bewegung den Weg wies.

Das kam so: Unsere Gegner waren gewöhnlich junge Studenten von größeren Universitäten, die nicht nur jünger, sondern uns auch stilistisch haushoch überlegen waren. Sie pflegten den Ball beim Aufschlag, wie es damals Mode war, hoch in die Luft zu werfen, ihn bei der Rückhand nicht irgendwie aus der Nabelgegend zu schlagen, sondern ganz lehrbuchmäßig, mit dem Gewicht auf dem rechten Fuß, in dem übertriebenen Bilderbuchstil jener Zeit, der Tennis auf eine Exerzierplatz-Übung reduzierte, aber nichtsdestotrotz von bemerkenswerter Effektivität ist. Bei einem Spiel standen uns zwei besonders hochgewachsene und athletische junge Männer vom College-Typ gegenüber, nennen wir sie Smith und Brown. Im Prinzip hatten Joad und ich gegen die beiden nichts zu bestellen. Smith und Brown gewannen das Aufschlaglos, und Smith startete mit einem Kanonenaufschlag auf Joad, der so tat, als glaube er, der Ball gehe ins Aus, tatsächlich aber nicht mal einen Versuch machte, den Ball zu treffen. Stand: 15 zu 0. Der nächste Aufschlag ging auf mich. Immerhin hatte ich wenigstens Zeit, sein Aufschlagstempo zu schätzen und es soweit zu bringen, daß sein nächster Aufschlag die Kante meines Schlägers streifte. 30 zu 0. Jetzt schlug Smith wieder gegen Joad auf. Der packte seinen Schläger mit beiden Händen, und es gelang ihm dadurch immerhin, den Ball, der direkt auf ihn zugeflogen kam, auf die Saiten seines Schlägers zu bekommen, worauf der Ball auf die andere Seite schoß und halbhoch, in Bodennähe, hinter Browns Füßen im Zaun landete.

Und das war just jener Augenblick, der nicht nur zum Wendepunkt für dieses Match wurde, sondern für die Zukunft des ganzen englischen Sports. Stand: 40 zu 0. Smith will sich von S 1 auf die andere Platzseite begeben, um von P aus gegen mich aufzuschlagen. Als Smith den Punkt K erreicht hatte, nach den Regeln durfte er *nicht näher als 30 cm und nicht weiter als 60 cm* von der Platzmitte entfernt sein (inzwischen weiß ich, was ich damals nur vage ahnte, daß in dieser Kunstform Timing das A und O ist), rief Joad, der bei J 2 stand, in ruhigem Ton über das Netz hinweg: »Wären Sie so freundlich, klar und deutlich zu sagen, ob der Ball in oder out war?«

Das mag in unseren Ohren vielleicht etwas brüsk klingen, sozusagen wie eine Aufforderung aus der Tennis-Steinzeit, bietet aber ein wunderbares Beispiel für den genauen Stand von Gamesmanship im Jahre 1931. Der Anfänger muß einfach wissen, daß es sich bei diesen beiden jungen Studenten um ganz ungewöhnlich wohlerzogene, charmante Gentlemen in jeder Hinsicht handelte. Smith, am Punkt K, war wie vom Donner gerührt: »Tut mir ehrlich leid. Ich hielt den Ball für *aus*« (der Ball war, bevor er den Boden berührte, vier Meter hinter ihm gegen den Zaun geprallt). »Was dachten Sie, Brown?«

»Ich *dachte*, der Ball war aus, aber ich habe nichts gegen eine Wiederholung.«

Joad: »Nein, das möchte ich nicht. Ich möchte nur, daß sie in Zukunft so nett sind, deutlich anzusagen, ob der Ball in oder out ist.«

Durch nichts auf der Welt können zwei Universitätsspieler so aus dem Schlag gebracht werden, wie mit der Andeutung, daß ihr Fairplay zu wünschen übrig läßt. Das ist zwar bekannt, aber wie selten versuchen wir, diese Schwäche zu unseren Gunsten auszunutzen. Smith leistete sich mir gegenüber einen Doppelfehler und einen weiteren gegen Joad. Sein nächstes As schlug er erst wieder in der Mitte des dritten Satzes des Matches, das wir, nebenbei gesagt, gewannen. In jener Nacht dachte ich viel und lange nach. Könnte dieser simple psychologische Trick nicht auf andere Aspekte des Spiels erweitert werden, vielleicht auf alle Spiele? Für mich war das jedenfalls die Geburtsstunde von Gamesmanship.

Ehrfürchtig ließ Adamski das Buch mit den erhabenen Worten des großen Lehrmeisters sinken. Dann sagte er: »Nur, wer sich am Gamesmanship-Ship Anfängerkurs beteiligen möchte, möge hierbleiben. Bunzlau, wollen Sie wirklich diesen Kurs wiederholen? Sie gehören doch eigentlich in den Kurs für Fortgeschrittene.«

»Doch«, nickte Bunzlau, »und zwar, weil mich das Phänomen fasziniert, ob und wie Sie es schaffen, Ihren Vortrag vom letzten Anfänger-Kurs fast wortgetreu zu wiederholen, ich habe ihn nämlich auf Tonband mitgeschnitten. Oder ob Sie kleine Aktualisierungen einschmuggeln.«

Adamski verzog keine Miene. Bunzlau geriet in Fahrt: »Ich kann auf den Genuß nicht verzichten, Ihnen zuzuhören, vor allem nicht auf Ihr allerliebstes Lispeln mit dem hessischen Beiklang. Außerdem kann ich mich nicht satt daran sehen, wie Sie, um Zeit zu gewinnen, sich hinter dem rechten Ohr kratzen, einfach köstlich.«

Adamski hatte nun genug gehört: »Bunzlau, das ist genau das, was wir alle so sehr an Ihnen schätzen, Ihre großartige Beobachtungsgabe. Ihnen entgeht wirklich nichts. Damit wir alle daraus unseren Nutzen ziehen und Ihnen gleichzeitig die Kontrolle erleichtern, bleiben Sie fortan immer an meiner Seite und legen eine Chronik an, die alles enthält, was hier besprochen wird.«

Leicht gequält befolgte Bunzlau diese Bitte. Offenbar fiel ihm kein Gegenzug ein. Dazu meinte Weichteil-Ruters später: »Bunzlau hätte mit Hilfe eines Zollstocks die Distanz zwischen sich und Adamski ausmessen und das damit begründen sollen, daß er Pollenträger sei, was sehr wahrscheinlich ansteckend wäre. Er hätte sich auch übertrieben nahe zu Adamski stellen können, aber mit betont abgewandtem Gesicht, um zu erkennen zu geben, daß er den Mundgeruch Adamskis nicht vertragen könne.«

Adamski nahm das Heft wieder fest in die Hand: »Wir kommen nun zum Eigentlichen. Was ist das Eigentliche? Diese Frage stellte schon Plinius (63 v. Chr.), der große Vordenker des Römischen Weltreichs. Nun, das Eigentliche bei Gamesmanship ist das Vorspiel, es ist sozusagen das A und O. Was sagt der Meister dazu? Potters Maxime lautet:

Der erste sich verkrampfende Muskel beim Gegner ist der erste gewonnene Punkt. Wie gewinnt man ihn? Durch einen permanenten Nervenkrieg. Der Gegner muß verwirrt und verunsichert, m. a. W. dauernd genervt werden. Damit sollte schon in der Umkleidekabine vor Spielbeginn oder im Wagen des Gegners, wenn er einen zum Spiel abholt, begonnen werden. Das Ziel ist also, eine Atmosphäre der Verunsicherung zu schaffen, von, im günstigsten Fall, panikartiger Verwirrung. Nehmen wir mal an, Ihr Gegner fährt einen Kleinwagen. Netterweise fährt er vor, um Sie zum Spiel abzuholen.«

Adamski sah von der »Bibel« hoch. »Sie haben ja alle ihre Pflichtlektüre absolviert. Wie würde ein echter Potterianer den Gegner vom Start weg nerven? Ja, Doris?«

»Ich würde erst sehr spät auf sein Klingelzeichen öffnen, mir dabei verschlafen die Augen reiben, verstört auf die Uhr blicken, mich an die Stirn schlagen, jetzt kommt mir die Erinnerung an diese Verabredung, nun würde ich ihm, mich entschuldigend, zurufen: ›Komme in einer Sekunde, muß mich nur noch kurz anziehen.‹«

»Ausgezeichnet! Weitere Vorschläge?«

»Erst als ich vor seinem Wagen stehe, merke ich, daß ich keine Socken anhabe. Ich muß also noch mal zurück ins Haus.«

»Kurz bevor ich in seinen Wagen klettere, erteile ich meiner Frau im Haus, ob sie überhaupt anwesend ist, spielt keine Rolle, ein paar Anweisungen für das abendliche Dinner, zu dem mein Tennispartner natürlich nicht eingeladen ist.«

»Mein Gegner, ein guter Bekannter, wartet nun schon fieberhaft darauf, daß ich endlich einsteige. Ich aber stelle leider fest, daß ich meine Tennisschuhe vergessen habe. Wenn ich dann endlich mit ihnen auftauche, zögere ich immer noch einzusteigen, weil ich nicht genau erinnere, ob ich nicht doch meinen Schläger im Badezimmer, im obersten Stockwerk, vergessen habe.«

Adamski nickte befriedigt: »Nun dürften sich die ersten Symptome einer angespannten Nervenlage beim Gegner bemerkbar machen, eine gewisse Ausdrucksstarre ist unübersehbar. Darum muß die Angriffsintensität verdoppelt werden. Also bringen wir jetzt das Straßenkartenlesen ins Spiel:

Erwähnen Sie gleich nach dem Start, daß Sie einen kürzeren Weg kennen. Folgt er Ihrem Vorschlag, erweist er sich nicht nur als falsch, sondern Sie landen garantiert nach einem beträchtlichen Umweg in einer Sackgasse. Die Zeit wird immer knapper. Die Nerven Ihres Gegners sind zum Zerreißen gespannt. Seine Reizbarkeit wächst von

Minute zu Minute. Er drückt aufs Tempo, fährt total verkrampft.

Das ist jetzt Ihre Chance: Durch eine kleine Versteifung
der Beine, wenn er rasant in die Kurve geht, oder durch
eine unwillkürliche Bewegung zur Handbremse hin geben
Sie ihm zu verstehen, daß er vom Autofahren keinen
Schimmer hat und vor allem viel zu schnell fährt.

Dazu zwei Anmerkungen Potters, die ich Ihnen nicht
vorenthalten möchte:

Anmerkung 1: Das Nerven eignet sich besonders vor
Spielen, bei denen der Ball Bodenberührung hat, also
Golf, Croquet oder Snooker. Bei schnellen Ballspielen
wie Tennis, Ping-Pong oder Squash kann eine nervöse
Fahrweise der eigenen Spielform eher förderlich
sein.

Anmerkung 2: Anfänger sollten sich davor hüten, das
Nervenspiel zu überreizen. Die Wirkung einer Nerven-
Sequenz hängt von der Praxis ab. Der kleine Trick, an
der Türschwelle zu stoppen – ›Habe ich überhaupt
meine Tennisschuhe dabei?‹ –, vor dem Einsteigen zu
zögern usw. gehört zu den Übungen, die ich mit meinen
Schülern zu veranstalten pflege. Dabei lege ich größten
Wert auf die Mahnung, solche kleinen Tricks erstmal
sechs Wochen lang geduldig zu üben, bevor man sie mit
Wagen, Koffer und Schuhen in der Praxis erprobt.

Adamski unterbrach wieder kurz, um einen Schluck Wasser zu trinken, und fuhr dann mit seiner Vorlesung fort:

Ein entscheidender Punkt ist die sportgerechte Beklei-
dung. Ein aufmerksamer Beobachter unseres eingangs
erwähnten Beispiels kann die Diskrepanz in der Kleidung der beteiligten Spieler nicht übersehen. Die Hosen
der beiden Studenten aus dem 1. Semester waren gebü-
gelt und blitzsauber, der Flanellstoff in der richtigen
Farbe usw. C. Joad hingegen trug ein kanariengelbes

Hemd. Seine zerknitterten Hosen wurden von einem orangefarbenen Schal zusammengehalten, und um das Maß voll zu machen, trug er an einem heißen Junitag tiefschwarze Socken. Instinktiv demonstrierte Joad, was einmal ›Das zweite Gesetz von Gamesmanship‹ genannt werden sollte. Sein definitiver Wortlaut: »Wenn der Gegner in Sportkleidung antritt oder es wenigstens probiert, sollte der Gamesman im exakten Gegensatz dazu total danebenliegen. Ist der Gegner hingegen nachlässig gekleidet, so sollte der Gamesman um so korrekter angezogen sein.«

Ein ehernes Gesetz des Pottertums lautet: Wer beim Tennis den Volleyball nicht beherrscht, sollte wenigstens samtene Socken tragen. Dieser Grundsatz ist allen Potterianern in Fleisch und Blut übergegangen und von Generation zu Generation weitergegeben worden. Potter sagt dazu, ich zitiere aus dem Original:

Der gutaussehende, junge, perfekt gekleidete Athlet macht sich selber zum Narren, wenn sein mißlungener Ball von einem Gegner zurückgeschlagen wird, bei dem keine Menschenseele darauf kommt, daß er je einen Tennisplatz betreten hat. Eben weil sein Erscheinungsbild so perfekt wirkt, wird es für ihn zum Handicap.

Das Spiel als solches

Adamski fuhr mit der Lesung aus der »Bibel« fort zum Thema: Wie man Spiele gewinnt, ohne auch nur einen Schimmer von den Spielregeln zu haben:

Um dieses Problem dreht sich die ganze Theorie, und der Anfänger ist wohl beraten, wenn er es nie aus den Augen verliert. Er sollte sich zunächst damit begnügen, den Gegner zu nerven, also eine gewisse gespannte Atmosphäre zu erzeugen, indem er etwa einen Zug oder einen Flieger erfindet, den er eigentlich noch dringend erwischen möchte, womit er seinen Gegner nicht unbedingt zur Eile antreiben möchte... Wie spielt der wahre Gamesman das Spiel? Er hält sich an den Slogan: Jeder gute Gamesman ist auch ein guter Sportsmann. Was läßt sich über die Maxime des wahren Gamesman sagen: Nun, wenn Sie einen übernervösen, reizbaren Gegner haben, dann ist es unsportlich, sich während des Spiels laut die Nase zu schneuzen oder, sagen wir mal, beim Billard den Queue quietschend einzukreiden, wenn der Mitspieler gerade zum Stoß ansetzt. Wenn Sie hingegen an der Reihe sind, ist es durchaus tunlich, dabei zu summen oder zu pfeifen oder auch ein bißchen herumzuhampeln.

Es gelang mir einmal, einem schon verlorengeglaubten Golfspiel eine günstige Wendung zu geben – mein Gegner war der Dirigent Beard –, indem ich eine Dorabella-Variation pfiff und bei einer bestimmten Phrasierung immer denselben Ton knapp verfehlte. Ich rate auch dazu, den Gegner abzulenken, indem man über seinen Job plaudert, und zwar so, als wisse man mehr über seinen Job als er selber.

Nach einer Teepause setzte Adamski sein Kolleg im Freien fort: »Wir kommen nun zu einer sehr aufschlußreichen Stelle, es ist der Abschnitt ›Netter Kerl‹. Den netten Kerl zu mimen kann unter Umständen sehr hilfreich sein, besonders, wenn man gegen sehr nette Oberschüler spielt. Man muß ihnen einfach das Gefühl geben, es sei ziemlich unfair, den alten Mann an die Wand zu spielen. Ein Spieler namens Lodge blieb mit seinen 65 Jahren in entscheidenden Spielen von wohlerzogenen jungen Männern unbesiegt, weil er einfach sein Altershandicap voll in die Waagschale warf.

Eine weitere Frage ist: Soll man für die Galerie spielen oder nicht? Potter legt sich in dieser Frage nicht fest. Er sieht allerdings gewisse Vorteile darin, dem Gegner bei zweifelhaften Bällen einen Punkt zu schenken, um sich so beim Publikum Liebkind zu machen. Der erfahrene Spieler weiß, wenn er für ein kleines Publikum spielt, daß er sich entscheiden muß, ob er für die Galerie spielen soll oder auf die ganz nüchterne, solide Tour. Über den Daumen gepeilt gilt die Regel: Lassen Sie Ihre Haltung die genaue Antithese zur Haltung Ihres Gegners sein und betonen Sie Ihre gegensätzliche Einstellung so deutlich, daß er immer im Unrecht ist. Wenn zum Beispiel Ihr Gegner ein großer Showman ist, dann sollten Sie sich natürlich als der sachliche Praktiker geben, der den Ball ohne jeden Showeffekt einfach über das Netz schlägt.

Kommen wir nun zum Kontrapunkt. Potter führt dazu aus, daß der Kontrapunkt zwar vornehmlich in der Musik verwendet wird, für Gamesmanship aber ganz einfach bedeutet: meine Langsamkeit gegen dein Tempo. Der Begriff wird vornehmlich gegen Spieler genutzt, die auf Tempo spielen. Nehmen wir zur Abwechslung mal Golf: Wenn der Gegner zur Eile treibt, empfiehlt es sich, bereitwillig zuzustimmen, allerdings mit dem Zusatz: nur nicht bei der Ausführung des Schlages. Dann sollte man fünfzehn bis zwanzig Verzögerungspausen einlegen. Die Technik besteht darin, sich den Golfball zurechtzulegen, sich zum Schlag bereit zu machen und sich dann im letzten Augenblick für einen anderen Schläger zu entscheiden. Dazu eine Anmerkung: Es ist unsportlich, den Gegner zu irritieren, indem man zu lange nach einem verlorenen Ball sucht. Es ist aber durchaus fair, den verlorenen Ball des Gegners zu suchen und dadurch Zeit zu schinden.«

Adamski unterbrach seine Lesung und warf einen Testblick in die Runde. Florestan hatte es sich auf der Wiese bequem gemacht und war tatsächlich eingeschlafen.

»Nicht aufwecken«, ermahnte uns Adamski, »wir haben das vorher abgesprochen. Einschlafen während einer Vorlesung ist eine uralte Pottermethode, vor allem in Verbindung mit einem lauten Schnarchen. Sie steht im Handbuch des Potterismus auf S. 34.«

Adamski räusperte sich und fuhr fort: »Wir kommen nun zu dem wichtigen Abschnitt ›Der verstauchte Knöchel‹ oder auch Gamesmanleg. Darüber finden wir in Potters Vermächtnis so manch wertvollen Hinweis. Der Hink-Trick, also das Ausnützen kleiner Wehwehchen, um einen plausiblen Grund zu haben, das Spiel abzubrechen, gelegentlich aber auch, um ein vermeintlich aussichtsloses Spiel zu gewinnen, wurde schon von den Rittern im Mittelalter gepflegt. Potter bedauert sehr, daß diese Masche so auf den Hund gekommen ist. Es genügt einfach nicht, daß zum Beispiel ein Golfer im gesetzten Alter so nebenbei zu seinem wesentlich jüngeren Gegner vor Spielbeginn bemerkt, er hoffe, ihm ein gleichwertiges Spiel bieten zu können – wobei er sich mit schmerzverzerrtem Gesicht die Schulter reibt und ›mein Rücken, mein Rücken‹ murmelt –, denn an Rückenschmerzen leidet heutzutage so gut wie jeder. Vielleicht auch Ihr jüngerer Gegner, der Ihnen jetzt vermutlich den Rat erteilt, die Zähne zusammenzubeißen und die Schmerzen einfach zu ignorieren, wie er das zu tun pflege. Gehört er zu den Ausgebufften, wird er laut überlegen, ob er mit 38,1 Fieber nicht eigentlich ins Bett gehöre.

Ein weiteres Risiko bei dieser simplen Vorgehensweise ist, daß er Sie ausspielen kann, indem er Ihnen den Arm um die Schulter legt und Ihnen das Versprechen abnimmt, doch ein paar Wochen auszuspannen, weil Sie offenbar dem Streß der modernen Zeit nicht gewachsen wären. Wer seinen Gegner durch eine Behinderung zu einer Rücksichtnahme zwingen will, der muß weit ausholen und etwa auf die Nachwirkungen einer Verletzung hinweisen, die ihm als Reporter in Beirut zugefügt worden ist, die Folge der Folterungen in einer südamerikanischen Diktatur ist oder die er sich zugezogen hat, als er sich tollkühn einem durchgegangenen Pferd entgegenstellte.

Am wirkungsvollsten erweist sich gewöhnlich das Kontern. Es kann geradezu Lustgefühle verursachen, die Behinderung des Gegners auszukosten. Dazu gehört etwa, die Verletzung, selbst wenn sie unübersehbar ist, überhaupt nicht zur Kenntnis zu nehmen. Im Potter-Jargon Umgang mit einem Wrack genannt (auf Migräne als Alibi wird an anderer Stelle eingegangen).

Ein Schulbeispiel von Stephen Potter zeigt, was gemeint sein könnte: In dieser Kunst, schreibt er, waren die Herren Frith und Frock, die beiden Fs, wie sie liebevoll genannt wurden, unschlagbare Meister.

Unvergeßlich sind uns ihre Entschuldigungen geblieben, wenn sie einen Gegner, der mit verrenktem Knöchel antrat, mit einem Stoppball ans Netz hetzten. Oder ihr unendlich tiefes Bedauern, wenn sie einen Lob gegen die Sonne spielten, wohl wissend, daß ihr Gegner unter sonnenempfindlichen Augen litt. Die beiden Fs, also: Frith spielt gegen einen blutigen Anfänger, Anfänger hinkt leicht. Frith zeigt großes Mitgefühl, schont seinen Gegner, schlägt keinen kurzen Ball. Er tut so wenig, daß seine Fans schon unruhig werden. Als sich die Wege der beiden beim Seitenwechsel kreuzen, hört man von Frith ein leichtes »Auuuu«.

Anfänger: »Ist irgendwas?«

Frith: »Nein, nein, nichts, ich dachte nur...«

Anfänger, schon etwas außer Hörweite: »Was sagen Sie?«

Frith: »Ach, nicht der Rede wert.«

Das Spiel geht weiter. Beim nächsten Seitenwechsel schreit Frith kurz, aber kräftig »Au!« und verharrt einen Augenblick gedankenverloren.

Anfänger: »Ist was?«

Frith: »Nichts, kleinen Moment nur.«

Anfänger: »Irgendwas nicht in Ordnung?«

Frith (reibt seine Brust mit dem Fingerknöchel): »Nein, nein, es ist nur, die alte Pumpe will nicht mehr so recht mitspielen.«

Anfänger: »Pumpe?«

Frith: »Ja, der alte Ticker, meine kleine Zeitbombe.«

Anfänger: »Sie meinen Ihr Herz?«

Frith: »Ja, mein Schrittmacher ist noch nicht ganz eingepaßt. Aber machen Sie sich keine Sorgen, im Augenblick besteht keine akute Lebensgefahr.«

Anfänger: »Oh Gott!«

Frith: »Keine Angst, wirklich, ich bin schon wieder in Ordnung.«

Anfänger: »Wunderbar.«

Frith: »Dann spielen also zwei Wracks gegeneinander.«

Anfänger: »Scheint so. Wollen wir weitermachen?«

Potters eigener Beitrag war die Jack Rivers-Eröffnung. Sie ist ganz einfach und darum sehr beliebt. Es geht dabei um den Spieler-Typ, der jedes Spiel tierisch ernst nimmt. Um solchen Typ zu kontern, brachte er Jack Rivers ins Spiel: Man erwähne mehrmals während des Spiels seinen Charme, sein gutes Aussehen, seine Zivilcourage, sein Talent für alle Arten von Spielen und nebenbei, was für ein ausgezeichneter Pianist er sei. Dann füge man etwas später hinzu, daß man seine Einstellung zum Spiel sehr möge, weil es ihm vollkommen Wurscht sei, ob er gewinne oder verliere. Ihm ginge es nur um den Spaß am Spiel. – Auf den ersten Blick mag dieser Monolog nicht sehr erfolgversprechend wirken, aber auf längere Sicht ist er äußerst wirksam. Gestatten Sie nun dem Gegner eine knappe Führung, und die Chancen stehen gut, daß er, selbst wenn er von Jack Rivers erst vor einer halben Stunde gehört hat, beginnt, darüber nachzudenken, ob er vielleicht wirklich eine langweilige Flasche ist. Und nach einiger Zeit überkommt ihn der irrationale Wunsch, einem Sportler-Ideal à la Rivers zu entsprechen.

Schließlich, erinnert er sich, wurde er einst schwer gezüchtigt, weil er mit einem Cricketball eine Fensterscheibe eingeworfen hatte! Und ist er nicht früher überhaupt ein ganz wilder Bursche gewesen? Kaum versucht er sich an dieser Alles-oder-nichts-Methode, verliert er Punkt für Punkt, denn sie paßt nun mal nicht zu seinem Charakter. Inzwischen spielen Sie Ihr Spiel locker weiter und setzen noch eins drauf durch die wiederholte Erwähnung von Jack Rivers unnachahmlicher Art, zu einem Schmetterball auszuholen, der ihm zwar nicht immer gelang, aber das wäre ja das Wunderbare an ihm, daß ihm das piepegal sei, Hauptsache, es gäbe einen guten Schlagwechsel.

Soviel zu den Prinzipien von Gamesmanship. Jetzt ein paar Worte zum Thema Konzentration. Es ist ein alter, miserabler Trick mancher Spieler, sich darüber zu beschweren, daß sie bei einem entscheidenden Ball abgelenkt wurden. Beim Golf: Jemand hat sich bewegt, beim Billard: Jemand hat gesprochen, etc. Das ist für Sie eine willkommene Gelegenheit zu beweisen, daß er kein Profi ist, etwa so: Ach, was Sie nicht sagen, ist mir gar nicht aufgefallen! Ich merke überhaupt nie, was vor oder hinter mir passiert. Ich halte es mit Margret Wethered, die während des Halbfinales in einem Golfturnier auf die Interviewfrage, wie ihr dieser Putt gelungen sei, während zehn Meter von ihr der Expreßzug vorbeigerast wäre: »Ein Expreßzug? Welcher?« Diese kleine Geschichte sollten Sie Ihrem Gegner immer wieder erzählen.

Soll man Ratschläge erteilen?

Potters Rat hierzu: Der wahre Gamesman erteilt nur Ratschläge, wenn er leicht in Führung liegt, das Spiel aber noch nicht gewonnen hat. Beispiel Billard:

Anfänger: »Ja, bitte?«

Gamesman: »Nehmen Sie nicht alles so *tierisch* ernst.«

Anfänger: »Wie meinen Sie das?«

Gamesman: »Damit meine ich: Sie verstehen etwas vom Spiel, verkrampfen sich aber unnötig dabei. Sehen Sie, ich nähere mich ganz lässig dem Ball, blicke scharf in die Stoßrichtung, führe meinen Stoß aus, ganz bequem und leicht. So einfach ist das.«

Mit anderen Worten: Der Ratschlag *muß so vage wie möglich* gehalten sein, so daß die Wirkung gleich null ist. Im allgemeinen genügt schon die Tatsache, daß ein Rat, eher schon eine Belehrung erteilt wird, um den Gamesman in eine unbesiegbare Position zu bringen.

Die Überlegenheit des Gamesman beruht immer auf Glück, niemals auf spielerischem Können. Potters Gamesman gibt zum Beispiel zu, daß er bei einem Schlag verdammten Massel gehabt hat und daß die Bälle alle unerklärlicherweise in seine Richtung laufen, obwohl das gegen jede Wahrscheinlichkeit spräche. M. a. W. er verunsichert seinen Gegner, indem er ihm bedeutet, nicht gegen ein Talent, sondern gegen das Schicksal an sich zu verlieren.

Ein Wort noch zur Materialfrage: In manchen Spezialgeschäften bekommt man Tennisschläger, die mit einer besonderen Darmsaite bespannt sind, deren ›Ping‹ eine tigerartige Elastizität suggeriert. Der von Potter gern erwähnte G. Odoreida brachte zu seinem ersten Auftreten in St. Ives einen Tennisschläger mit, an dem eine Saite, auf ein hohes G gestimmt, eine Pianosaite ersetzte. Wenn er gewohnheitsmäßig sein Racket vor dem Spiel testete, zupfte er die Pianosaite und meinte, daß doch nichts über einen Schläger gehe, mit dem man so richtig zuschlagen könne.«

Adamski legte eine Pause ein, zündete sich seine Pfeife an und fuhr mit seinem Potter-Referat fort: »Potter verdanken wir entscheidende Fortschritte in der Kunst, den

Gegner weich zu klopfen, ihm den Schneid abzukaufen. In der Steinzeitperiode, wie sie Toynbee in einem amüsanten Essay nennt, pflegte man noch, um den Gegner zu irritieren, Schnürsenkel möglichst langwierig zuzubinden, sich ausgiebig die Nase zu schneuzen oder sich imaginären Schweiß von Hals und Stirn zu wischen. Potters wichtigster Beitrag bestand darin, den Verzögerungseffekt auf den aktuellsten Stand zu bringen, also die Entdeckung der Kunstpause zum scheinbaren Vorteil des Gegners.

Angenommen, der Gegner hat hintereinander sechs Punkte gewonnen:

Gamesman (ruft): »Moment mal!«

Gegner: »Irgend etwas nicht in Ordnung?«

Gamesman (folgt mit den Augen einem Kind, das in etwa hundert Meter Entfernung entlangschlendert, wendet sich nun wieder dem Gegner zu): »Diese verdammten Schlingel.«

Gegner: »Wo?«

Gamesman: »Direkt in Ihrer Blickrichtung.«

Gegner: »Wie bitte?«

Gamesman: »Ich sagte, direkt in Ihrer Blickrichtung.«

Gegner: »Ich kann niemanden sehen.«

Gamesman: »*Wie bitte?*«

Gegner: »*Ich sagte, ich kann niemanden sehen.*«

Gamesman (undeutlich): »Genau in Ihrer Blickrichtung, man sollte sie erschießen.«

Oder, ein anderes Beispiel, beim Billard:

Ihr Gegner, ein Anfänger, ist acht Punkte voraus und hat gute Aussichten, seinen Vorsprung zu vergrößern. Wenn zwei oder drei Personen zugegen sind, werden sie sich wahrscheinlich nicht sehr für das Spiel interessieren und beide miteinander schwätzen oder Gläser oder Kaffeetassen abstellen. Simulieren Sie eine gewisse Verärgerung über diese Störung zugunsten Ihres Gegners. Ein gelegentlicher irritierter Blick zum Auftakt, dann stoppen Sie das Spiel Ihres Gegners und sagen:

Gamesman (ruhig und leise): »Fühlen Sie sich gestört?«
Anfänger: »Wodurch?«
Gamesman: »Durch die beiden Schwatzeulen.«
Anfänger: »Macht mir nichts aus.«
Weitere Rezepte, Ihren Gegner zu verunsichern: Entfernen Sie ein imaginäres Haar von seinem Ball, wenn er gerade zum Schlag ansetzt. Lecken Sie den Finger, um ein Staubkörnchen zu entfernen. Findet das Spiel in einer Halle statt, lassen Sie nichts unversucht, um einen kleinen Flecken zu entdecken, auf den Regentropfen fallen. Wenn der Gegner in Führung liegt, machen Sie sich Sorgen um seine Sicherheit. Bemühen Sie sich vergeblich, Wasserspritzer mit dem Taschentuch zu entfernen oder die Pfützen auszutreten. Warnen Sie vor der Gefahr, auszurutschen. Verlangen Sie, daß Sägemehl ausgestreut wird, das natürlich nicht vorrätig ist.

Weitere Potter-Vorschläge, um den Gegner abzulenken: Bringen Sie Ihr Privatleben oder das Ihres Gegners ins Spiel.

Mit einfachen Bemerkungen wie ›Mit unserem Schwiegersohn haben wir viel Glück gehabt‹ können Sie das Spiel zu Ihren Gunsten beeinflussen. Oder mit dieser scheinbar harmlos-unschuldigen:
Gamesman: »Ich hatte das Vergnügen, vorigen Sonntag Ihr Fräulein Tochter zu treffen.«
Anfänger: »Ja, ich weiß, sie erzählte mir davon.«
Gamesman: »Was für wundervolles tizianrotes Haar.«
Anfänger: »Oh nein, das kann nicht meine Tochter gewesen sein. Das war Ethel Baird.«
Gamesman: »Ach, *wirklich*? Aber ich dachte, ich spreche mit Ihrer Tochter.«
Anfänger: »Haben Sie auch, aber bei einer früheren Gelegenheit.«
Gamesman: »So, so. Aber was für eine Haarfarbe hat denn Ihre Tochter?«

Anfänger: »So eine Art Braun.«
Gamesman: »Ah ja. Natürlich, natürlich.«
So simpel und gewöhnlich solche Plaudereien auch erscheinen mögen, gegen einen unerfahrenen Gegner kann sie der erfahrene Gamesman jederzeit zu seinem Vorteil verwenden. Eine kleine Ablenkung, ein flüchtiger Ärger, eine gewisse Behinderung kann den Gegner verwirren, und sei es nur, weil er sich auf den Arm genommen fühlt.

An anderer Stelle kommt Potter auf das Problem Schuldgefühl beim Gegner zu sprechen. Gegen einen J. J. verlor er beim Crocket mit schöner Regelmäßigkeit, aber nicht im März und Juni des betreffenden Jahres, wie er zufällig beim Lesen alter Tagebücher feststellte. Das Geheimnis war, daß J. J. zu dieser Zeit zum ersten und zum letzten Mal in seinem Leben sehr erfolgreich um ein Mädchen warb, daß auch Potter begehrte. J. J.s schlechtes Gewissen ihm gegenüber verhinderte, daß er auch noch beim Crocketspiel gewann. Seine schweren Schuldgefühle führten zu einer Kette von Niederlagen, denn wie konnte er gegen einen Mann gewinnen, der sowieso schon geschlagen am Boden lag, zumal er auch noch der Grund für die Depression des Gegenspielers war. Aus Potters Sicht war das eine glückliche Situation, denn J. J. gewann danach niemals mehr seine alte Sicherheit zurück und konnte ihn nie wieder besiegen.
Daraus leitete Potter eine Regel ab, die er erstmalig bei einem Golfmatch mit seinem Sportskameraden Dr. Bill anwendete, wo er zunächst Spiel auf Spiel verlor. Er erwähnte eine gemeinsame Freundin, Patricia Forrest, der er vor einigen Wochen Dr. Bill vorgestellt hatte:

Potter (plötzlich, ohne jeden Anlaß): »Tolles Mädchen, diese Pat, finden Sie nicht auch?«
Dr. Bill: »Ja, nicht wahr? Sie sehen sich wohl ziemlich oft, nicht wahr?«

Potter: »Nun ja, wir sind sowas wie alte Freunde.«
Dr. Bill: »Habe ich mir doch gedacht.«
Potter: »Damit ist wohl alles gesagt, also, auf geht's.«
Dr. Bill: »Wie meinen Sie das?«
Potter: »Nun ja, Sie wissen schon.«
Dr. Bill: »Keine Ahnung, bitte etwas genauer.«
Potter (kühl): »Sie wird mir immer viel bedeuten.«
Dr. Bill: »Das würde mir wohl ebenso ergehen, wenn ich erst mal ihre Bekanntschaft gemacht hätte.«
Pause.
Potter (mit einem beziehungsvollen Blick): »Sie hat Sie neulich übrigens erwähnt.«
Dr. Bill (nach einer winzigen Pause): »Mich?«
Potter (schenkt ihm einen warmherzigen Blick): »Ich glaube, sie mag Sie, Sie Glückspilz.«
In diesem Stadium können Sie eine Hand auf den Vorarm des Gegners plazieren, aber ein flüchtiger Griff zum Ellbogen ist besser.
Dr. Bill: »Ich fürchte, sie weiß gar nicht, daß ich existiere.«
Potter: »Im Gegenteil, sie ist sich dessen durchaus bewußt. Großer Gott, wo haben Sie nur Ihre Augen?«

Inzwischen fühlte sich Dr. Bill natürlich schwer geschmeichelt und bereits als Casanova – bis ihm klar wurde, daß es äußerst unfair wäre, Potter das Mädchen wegzunehmen und ihn außerdem auch noch beim Golfspiel zu besiegen. Potter hatte also fürderhin leichtes Spiel.

Einmal geriet unser großer Meister Potter an einen Mann gleichen Kalibers, von dem er aufs Kreuz gelegt wurde, und das kam so:

Konter-Gamesman: »Tja, ich glaube, heute bin ich groß in Form.«
Potter: »Das sind Sie doch immer. Irgendein Grund?«
Konter-Gamesmann: »Ja, ich habe nichts mehr zu verlieren, nicht einmal mehr meine Ketten.«

Potter: »Großartig. Wie meinen Sie das?«
Konter-Gamesman: »Ich gehöre jetzt zur Klasse der Müßiggänger.«
Potter (echt interessiert): »Nanu? Sind Sie nicht mehr bei North British & United?«
Konter-Gamesman (schroff): »Es tut ihnen sehr leid, aber sie reduzieren ihre Belegschaft.«

Angesichts dieses harten Schicksalsschlages, der seinen Freund getroffen hatte, konnte Potter seine Tour ›Du bist ja ein echter Glückspilz‹ nicht fahren. Auch sein sonst üblicher Gegenzug: ›Jetzt müssen wir beiden Leidensgenossen zusammenhalten. Mir hat mein Arzt gerade verkündet, daß dies wohl mein letztes Spiel sei‹ wurde etwas gezwungen und lahm wirken.

Manches Spiel in seinem Leben konnte Potter günstig beeinflussen, indem er vorher darauf hinwies, daß er seit Jahren keinen Schläger mehr in der Hand gehalten habe. Daraufhin offerierte Vorgabepunkte habe er aber mit einer gewissen Würde als beschämend abgelehnt. Erfahrungsgemäß ist es für einen Klassespieler höchst unergiebig, gegen einen Spieler anzutreten, der total aus dem Training ist. Er fühlt sich ja geradezu gezwungen, seinem Gegner anzubieten, mit der linken Hand zu spielen (vice versa für Linkshänder), was wiederum für einen echten Potterianer unwürdig ist. Der geeignete Gegenzug wäre dann vielmehr, sich auf eine Handwurzelentzündung zu berufen, die leider keine Schmetterbälle zulassen würde, oder – sowohl beim Tennis als auch beim Tischtennis immer wieder erfolgreich – den Schläger bedächtig in der Hand zu wiegen und festzustellen, daß man noch nie mit einem fremden Schläger gespielt, den eigenen aber leider zu Hause vergessen habe, das sei noch ein richtiger Schläger, mit Korbbelag. Weitere empfehlenswerte Züge: Sorgfältige Netzprüfung, sowohl Höhe als auch Spannung und Reißfestigkeit, oder um andere Bälle bitten, wenn man genau weiß, daß keine vorhanden sind.

Wenn Sie in einem Doppelmatch auf der Verliererseite sind, ist es ratsam, dem Partner hin und wieder den Arm tröstend um die Schulter zu legen, und zwar gerade dann, wenn Sie eine ganze Serie von Bällen verschlagen haben. Auch der Gegenseite verstohlen zu signalisieren, daß sie leider den falschen Partner erwischt hätten, ist recht hilfreich. Potter, als er seine totale Unbegabung für dieses Spiel bemerkte, ließ die Finger vom Tennis, galt aber dennoch als passionierter Spieler, weil er, wo er ging und stand, einen Schläger dabei hatte oder einen im Büro oder im Wagen herumliegen ließ.

Wenn gar nichts anderes mehr half, benützte Potter den Schließlich-Trick: ›Schließlich gibt es Wichtigeres im Leben als Tennis‹, vor allem bei besonders ehrgeizigen, verbissenen und als kompetent geltenden Spielern. Ein Beispiel vom Golf: Ohne jede Vorwarnung schlüpfte Potter in die Rolle des Naturfreundes und beugte sich plötzlich zum Grasboden, wo er den Rasen auf der Seite des Sandlochs untersuchte, wo der Ball seines Gegners war:

Potter: »Oh, sehen Sie mal, was für ein Glücksfall. Ich hatte ja keine Ahnung, daß die Bart-Agrostia in dieser Gegend blüht.«

Gegner: »Was ist denn das?«

Potter: »Sehen Sie mal, dieses liebliche, niedrige Gras mit scharfem Blatt. Es muß hier sehr sandig sein.«

Gegner: »Nun, im Bunker ist es sandig.«

Potter: »Nein, ich meine, sie sollte eigentlich nur auf sandigem Boden wachsen und gedeihen.«

Etwas später.

Potter (atmet tief ein): »Was für ein herrlicher Tag, und was für ein Himmel.«

Gegner: »Wenn wir uns nicht beeilen, kommen wir in den Regen.«

Potter: »Stimmt, es ist ein richtiger Constable-Himmel. Das ist das Wunderbare am Golf, man fühlt sich England näher.«

Gegner: »Wie meinen Sie das?«

Potter atmet tief ein und aus.

Das Spiel des Gegners wird durch solche Abschweifungen, die ein gewisses Desinteresse verraten, zwar nicht unmittelbar berührt, aber ein winziges Saatkorn des Zweifels wird gesetzt. Kurz darauf entfernt Potter ein kleines Klümpchen Dreck hinter dem eigenen Ball, das er sich genau anschaut:

Potter: »Sehen Sie mal! Stammt von einer gelbbraunen Eule.«

Gegner: »Kotkügelchen?«

Potter: »Ich wüßte gern, ob diese Art Ringe hat.«

Gegner: »Ringe?«

Potter: »Ja, die gelbbraune Eule hat sich in Wiltshire sehr vermehrt, und wenn man beweisen könnte, daß es sich bei dieser hier nicht nur um einen verirrten Besucher in Kent handelt...«

Gegner: »Aber wir befinden uns hier in Berkshire.«

Potter (nachdenklich): »Genau.«

Gegner (spürt, daß er sich nun stärker in die Konversation einschalten muß): »Ich vermute, daß sie sehr nützlich sind, ich meine, Mäuse...«

Potter: »Um genau zu sein, wir *wissen* es nicht. Die Chancen stehen zur Zeit fifty-fifty.«

Gegner: »So, so, die Chancen, daß...?«

Potter: »Wir arbeiten daran. Alles Amateure. Haben wunderbare Arbeit geleistet. Einfach phantastisch.«

Genau dieselbe Art der Unterhaltung kann sich natürlich auf jeden Vogel beziehen. Wenn der Gegner ein wenig angeschlagen wirkt, verdoppeln Sie die Hinweise auf die wunderbare Arbeit der Amateure, wann immer Sie sich in Hörweite befinden. Daß diese Taktik wirkt, ist bewiesen. Warum sie wirkt, ist eines der Geheimnisse von Gamesmanship.

Spiel für Spiel

Das Spiel an sich für Potter war Golf. Ihm sind häufig Leute begegnet, die von sich behaupteten, daß sie sich nichts aus Golf machten und nicht erkennen könnten, was am Golf so toll wäre. Das konterte er am liebsten so: ›Nun ja, es ist eigentlich ein reines Geschicklichkeitsspiel. Ich schätze das Golfspiel schon deswegen, weil kein Schlag dem anderen gleicht. Mit Glück hat das wenig zu tun. Was es dazu braucht, sind Fitness, ein gutes Auge, starke Nerven, eine natürliche Neigung und ein bißchen Spielleidenschaft.‹

Beim Vierer beim Golf ist es laut Potter entscheidend, einen Keil zwischen die beiden Parteien zu treiben, indem man versucht, mit dem Gegner eine Art Komplizenschaft herzustellen oder eine ohnehin schon strapazierte Freundschaft weiter zu unterminieren. Schon beim ersten mißlungenen Ball sollte man dem Gegner einen mitleidigen Blick zuwerfen, der noch durch ein Schulterzucken oder mit einem kurzen Pfeifen begleitet werden kann.

Als allgemeine Golfregel gilt: nichts überstürzen, machen Sie langsam aber stetig ihr Spiel, oder, wie Potter es formuliert:

Heben Sie sich Tintoretto bis zum zehnten Loch auf!

Zu Schach, einem schönen Spiel mit vielen guten Chancen, schreibt Potter:

Das Hauptziel muß immer sein, sich die Reputation der Unbesiegbarkeit aufzubauen. In meiner kleinen Gemeinde in Marylebone habe ich mir, das darf ich in aller Bescheidenheit behaupten, einen guten Ruf verschafft, ohne jemals ein Spiel gewonnen zu haben. Aber selbst erstklassige Spieler werden manchmal besiegt, und genau das passierte auch mir. Doch es ist immer möglich, den Anschein zu erwecken, daß es einem vor allem um *das Spiel als solches* geht. Beim Regardez-la-Dame-Spiel stellt man die Weisheit eines gegnerischen Zuges in Zweifel. Ein gelegentliches: Sind Sie wirklich sicher, daß das der beste Zug ist?, oder: Ihr Turm wird das in sechs Zügen gar nicht mögen, kann Wunder wirken.

Potter gilt als der Erfinder des Schachs ohne Schachbrett. Nach vorheriger Verabredung mit einem anderen Spieler pflegte er ihm mitten auf irgendeiner Dorfstraße zuzurufen: ›P nach Q 3.‹ Eine Viertelstunde später ruft er zurück: ›Q nach QB 5‹ undsoweiter. Züge, die natürlich völlig willkürlich sind. Ein jüngerer Schachfreund wird dann verwundert fragen:

»Wie machen Sie das eigentlich?«
Spieler: »Machen... was?«
Schachfreund: »Spielen ohne Figuren. Haben Sie das Schachbrett im Kopf?«
Spieler: »Ach, Sie meinen unser kleines Spiel? Ich bin übrigens gerade am Zug. Sie wollen wissen, wie wir das machen? Also tatsächlich habe ich das Schachbrett immer vor Augen, seit ich denken kann.«

Potters Eröffnung

Diese Eröffnung hat Potter erfunden, um sie gegen viel stärkere Gegner einzusetzen, die sich ihres Sieges allzu sicher sind. Sie besteht darin, drei Züge aufs Geratewohl zu machen und dann einfach aufzugeben. Dazu folgender Dialog:

Spieler (der Gegner hat gerade seinen dritten Zug gemacht): »Gut. Ausgezeichnet. Da bleibt mir gar nichts anderes übrig, als aufzugeben.«

Gegner: »Aufgeben?«

Spieler: »Nun, es ist klar, daß Sie nach dem 16. Zug meinen Läufer kassieren, drei Züge später werde ich meinen Turm verlieren.«

Gegner: »Hm, nun ja...«

Spieler: »Wenn Sie sich nicht auf ein Opferspiel einlassen, was Sie wohl kaum werden.«

Gegner: »Nein.«

Spieler: »Hübsches Spiel.«

Gegner: »Ja.«

Spieler: »Komische Situation – sehr komische Situation. Haben Sie etwas dagegen, wenn ich sie mir notiere? Die *Schachwelt* druckt von mir alles, was ich ihr schicke.«

Es ist sicher nicht übertrieben zu behaupten, daß dieses Gambit, wenn man es kühn genug praktiziert, den Ruf des Spielers effektiver festigt, als seine mehr oder weniger tapferen Versuche, eine aussichtslose Schlacht zu schlagen.

Das Stichwort Sitzfleisch verwendet Potter im Originaldeutsch, denn es bedeutet bei ihm, den Gegner buchstäblich unter Einsatz der Gesäßmuskeln auszusitzen – Stunde um Stunde sitzen zu bleiben und Züge zu machen, die zwar vernünftig, aber nicht übermäßig inspiriert seien, bis der Gegner aus reiner Langeweile kapitale Fehler macht.

Immer wieder rät Potter, die Wirksamkeit kleiner hingeworfener Bemerkungen nicht zu unterschätzen. Etwa gleich bei Spielbeginn zu äußern: ›Ich Rindvieh habe doch tatsächlich seit 24 Stunden nichts zu mir genommen (In einem Fall bekam er von einem Verlierer nach dem Spiel ein Pfund Butter geschenkt!).‹

Überliefert ist zum Beispiel, daß Captain Hill im Herbst 1958 drei Spiele hintereinander gegen Johns gewann, weil er ihn diskret gefragt hatte, ob er in finanziellen Schwierigkeiten stecken und Hilfe akzeptieren würde. Johns verlor auch noch das vierte Spiel, als ihm klar wurde, daß er von Hill nicht die geringste Hilfe zu erwarten hätte, sondern daß Hill ihm im Gegenteil noch zwei Mittagessen schuldig blieb, was ihn so wütend machte, daß er jede Kontrolle über sein Spiel verlor. Noch ein Beispiel:

Von dem Trick ›Der höchst ehrenwerte Gastspieler‹ machte J. Strachey erfolgreich Gebrauch bei einem Herrendoppel. Damals waren die Beziehungen zwischen England und Pakistan etwas angespannter Natur. Zur Überraschung seiner Tennis-Gegner bat Strachey darum, seinen eigenen Partner mitbringen zu dürfen. Es stellte sich heraus, daß es sich um den pakistanischen Botschafter handelte. Vor dem Spiel nahm Strachey mich beiseite. Er hätte einen Wink von oben bekommen, und im Interesse der englisch-pakistanischen Beziehungen bat er eindringlich darum, den Botschafter nicht als Verlierer vom Platz gehen zu lassen. Um die diplomatischen Beziehungen nicht weiter zu belasten, verloren wir den ersten Satz, wenn auch knapp. Zu Beginn des nächsten Satzes ließ Strachey durchblicken, daß er uns zum Narren gehalten habe und sein Partner keineswegs der pakistanische Botschafter sei, sondern ein Tennis-Schiedsrichter, der gelegentlich auch zum Schläger greife.
Dieser blöde Trick ärgerte mich derart, daß wir uns im 2. Satz bemühten, den Körper dieses Schiedsrichters – mit mäßigem Erfolg übrigens – zu treffen, wodurch unser Spiel nicht gerade besser wurde. Zwei Sätze gingen an Strachey. Der manövrierte uns im 3. Satz aus, als er uns verriet, daß es sich doch um den pakistanischen Botschafter handeln würde. Das brachte uns vollends aus der Fassung. Allein die Erinnerung an unser rüdes Benehmen im 2. Satz machte uns völlig unfähig, auch nur einen Ball korrekt übers Netz zu bringen. Da-

mit hatte Strachey auch diesen Satz und damit das Spiel gewonnen. Das ganze Spiel dauerte 85 Minuten. Stracheys wertvolle Erläuterung dazu: ›Potter verließ den Platz unter dem Eindruck, daß er gegen den pakistanischen Botschafter gespielt habe. Wie auch immer: das Prinzip ist, Zweifel zu säen. Der Gegenspieler sollte sich nie in Sicherheit wiegen, ob er nun gegen den pakistanischen Botschafter spielt oder gegen einen aktuell beschäftigungslosen Schiedsrichter. Er sollte daran scheitern, daß es bei ihm an der richtigen Einstellung fehlt. Das schließt keineswegs die Möglichkeit aus, daß der vierte Mann auf dem Platz der Botschafter eines Landes ist oder nur ein Schiedsrichter.‹

Gamesmanship und die Frauen

Diese Frage verdient eine wissenschaftliche Behandlung. Als Beispiel diente Potter das nun schon klassische Paar Charles und Christabel. Privat konnten sich die beiden nicht ausstehen, aber als Co-Gamesters waren sie sehr erfolgreich. Ihr Vorgehen war folgendermaßen:

Charles startet ein Single Match in seinem Club und spielt absichtlich unter Form. Dann, es steht inzwischen 1 : 4 im ersten Satz gegen ihn, erscheint, auf ein verabredetes Zeichen hin, Christabel, um zuzuschauen. Dabei erweckt sie betont den Eindruck, daß sie als Freundin von Charles gekommen sei, um ihm Mut zu machen. Charles legt nun mächtig los und holt schwer auf. Christabel schenkt ihm dafür ein ermutigendes Lächeln. Die Miene seines Gegners, der von Christabel mit Verachtung gestraft wird, verdüstert sich zusehends. Diese Aktion ist um so erfolgversprechender, wenn der Gegner irgendwelche blassen, unattraktiven Tanten, Nichten oder dergleichen als Begleitung hat.

Gegen diese Charles-Christabel-Attacke wußte O. Bousfield folgendes Gegenmittel: Seine Zuschauerin, Miss Grace Perry, war von geradezu atemberaubender Unansehnlichkeit. Sobald Christabel mit ihrem verführerischen Lächeln auf dem Tennisplatz erschien, trug er hemmungslos seine perverse Neigung zu Miss Perry zur Schau. Immer wieder wandte er sich ihr während des Spiels zu und warf ihr sogar Kußhände zu, ja, er schien ausschließlich *für sie* zu spielen. Wie wir inzwischen alle ahnen, verwirrte das den armen Charles derartig, daß er dieses Spiel haushoch verlor.

»Mit diesem Beispiel, meine Damen und Herren«, sagte Adamski, »beende ich die Einführung in die Potterei.«

Belassen wir es ebenfalls bei dieser Zusammenfassung des Anfängerkursus' bei Adamski, der uns die Grundlagen unseres späteren Wissens vermittelte. Die Zeit verging wie im Flug, und im Nu war der Lehrgang beendet und ich bekam den erfreulichen Bescheid: versetzt nach Kurs II – Lifemanship.

Lifemanship

Ich bin heute in eine neue Phase meiner Lehrzeit eingetreten. In der Chronologie des Potterschen Gesamtwerks ist es der Schritt von Gamesmanship zu Lifemanship. Es geht Potter darum, einen passenden Lebensstil zu lehren. Man könnte es auch nennen: Wie man sich mühelos durchs Leben mogelt. Potter zitiert – auf deutsch – als Lebensdevise ein Aperçu Rilkes aus seinem unveröffentlichten Werk: »Wenn du kein Bitzleisch bist, bist du nur ein Rotzleisch«, womit gemeint ist: Wenn du nicht obenauf bist, bist du untendurch. Es ist einfach die Kunst, den anderen spüren zu lassen, daß irgend etwas bei ihm schief läuft, wenn auch nur ein bißchen. Der Lifeman ist niemals ein Cad, also ein Mensch, der sich anderen überlegen dünkt, aber nicht selten gibt er dem anderen das Gefühl, er wäre einer, und das über einen längeren Zeitraum. Wir kennen jetzt das große Prinzip von Gamesmanship: Wenn man sich noch auf der untersten Sprosse der Leiter befindet, wird man, zwar bescheiden aber eifrig, sein Ziel verfolgen, den Status des Obenaufseins zu erreichen, das, was Potter »Bitzleischstüsse« nennt.

Wer darf sich, lt. Potter, Lifeman nennen? Sie, ich, jeder von uns. Das ist die Antwort. Aber es gibt noch eine weitere. Sie gründet sich in der Präsenz und Existenz des akkreditierten oder praktizierenden Lifeman, der sich mit Fug und Recht so nennen darf. Als eine kleine aber ständig wachsende Gruppe arbeitet sie in einem Netz von einem halben Dutzend Zentren, und zwar im Potter-Hauptquartier, der Stationsstraße in Yeovil.

Eröffnungsbemerkungen

Es ist der normale Alltag, in dem jeder von uns sich durch kleine Tricks oder Finessen Vorteile verschaffen kann. Nehmen wir Gattling-Fenn, einen freundlichen Menschen, der auf den ersten Blick unscheinbar wirkte, es aber faustdick hinter den Ohren hatte. Für mich war er ein großer Meister in der Kunst, sich durch Tricks Vorteile zu verschaffen. Seine Spezialität waren die Eröffnungszüge. Wenn ein junger Mensch ihn besuchte, würde er ihn zunächst bitten, Platz zu nehmen. »Nun setzen Sie sich erst mal hin.« Irgendwas in seinem Ton macht den jungen Mann so nervös, daß er eine Zigarette aus einer Schachtel zieht. »Nun, wenn Sie rauchen, werde ich mir auch eine genehmigen.« Oder er würde seinen Gast fragen: »Sie wollen sich doch sicher die Hände waschen?« Zu Bekannten, kurz vor deren Midlife-Krise, würde er sagen: »Wirklich erstaunlich, wie jung und fit Sie noch aussehen.« Einen ausgesprochen älteren Herren mit einer noch älteren Gattin würde er durch das Lob beglücken, daß ihre Bewegungen noch sehr jugendlich wirkten. In der Unterhaltung würde er Bekannte dazu bringen – wobei er sich immer das Flair eines gutmütigen Kerls gab – unfreundliche Klatschereien über gemeinsame Freunde zu erzählen. Wenn dann aber die Reihe an ihm wäre, würde er es bedauern, daß B. jetzt nicht dabei sein könne, ihm, Gattling-Fenn, käme es nie in den Sinn, über Bekannte hinter ihrem Rücken zu sprechen.

Potter hatte Gattling in einem Club kennengelernt, in dem sich Burma-Veteranen trafen, ein Land, in dem er selber allerdings nie im Leben gewesen war. Gattling hatte eine Masche, die Potter sehr überzeugte und die ihn auf die Idee brachte, das Wort »Lifeman« zu kreieren. In jenen Jahren galt die Kriegsteilnahme in England noch sehr viel.

Einige unter uns hatten im Zweiten Weltkrieg haar-sträubende Erlebnisse gehabt. Ich gehörte nicht zu ihnen. Zufälligerweise war mir bekannt, daß sich Gatt-lings gefährlichster Kriegseinsatz darauf beschränkt hatte, in Sale, also drei Kilometer entfernt von den bombardierten Teilen Manchesters, Brandwache zu halten. Ohne wirklich zu lügen, konnte Gattling die Ge-schichte seiner Feuerwache erzählen, und zwar in Ge-genwart von drei U-Boot-Fahrern und einem Ex-Solda-ten, der zweimal von den Japanern gefangengenommen und ihnen zweimal entkommen war, so daß sich die an-deren verpflichtet fühlten, bei ihm für ihren dagegen relativ harmlosen Kriegseinsatz quasi zu entschuldigen. ›Mein Gott‹, sagte Marineleutnant Wright, ›ich hatte ja keine Ahnung, daß es so hart da unten zuging.‹ ›Ich stampfte das glühende Zeug mit dem Fuß aus‹, erin-nerte sich Gattling. Ein bißchen glühendes Metall, das von einer weit entfernten Brandbombe stammte, war in seinem Garten gelandet. ›Es war nicht die Frage, ob ich dabei Angst hatte, ich handelte ganz instinktiv, als ob jemand anderes in mir es täte.‹ Tatsächlich hatte er das Brandstück mit einer Kelle unschädlich gemacht. ›Es war, als handelte ich in einem Traum.‹ Trotz meiner ganzen Bewunderung für ihn konnte ich ihn wirklich nicht so leicht davonkommen lassen. ›Just um diese Zeit herum‹, sagte ich zu ihm, ›griff unser Freund Mostyn mit seiner U24 den Hafen von St. Nazaire an.‹ ›Oh, mein Gott‹, stöhnte Gattling, ›als ob ich das nicht wüßte. Diese Burschen setzten jeden Tag, jede Stunde ihr Leben ein. Das war ja der Grund, warum man selber etwas tun wollte, irgend etwas, um einen Beitrag zum Sieg zu leisten. Und darum war ich über diesen Tag in Sale so froh...‹ Und so ging das drei, vier Minuten wei-ter. Ich wurde immer wütender. Aber ich kann nicht leugnen, daß ich innerlich meinen Hut vor ihm zog, nicht etwa, weil er im letzten Krieg weniger zum Sieg beigetragen hat als irgend jemand sonst, den ich kenne, sondern wegen der bloßen Tatsache, daß er mich so zornig machte. Das bewies, daß unsere kleine Gamesmanship-Wissenschaft die schönsten Früchte getragen hatte.

Lifemanship-Kurs

Tagebuch

1. Juli: Heute morgen versammelten wir uns im geräumigen Clubzimmer. Auf dem Programm dieses Seminars steht die Kunst der Konversation. Geleitet wird er von Frau Gunhild Fritzl-Krausleiter. Als ich mich kurz vor Beginn des Seminars vorstellte, entfernte sie während der Begrüßung, ohne viel Aufhebens zu machen, einen Fussel von meinem Sakko-Aufschlag und ließ ihn mit gestrecktem Arm, als ekele sie sich davor, fallen. Ihr Blick sagte mir mehr als Worte, daß man auf Schloß Bahlenberg sehr auf äußerste Sauberkeit pocht. Bei einer späteren Gelegenheit machte sie mir, mitten in einem Gespräch und ohne ihre Ausführungen zu unterbrechen, ein Zeichen, meine Mundwinkel von Speiseresten zu säubern. Ein anderes Mal zog sie ein Taschentuch heraus und entfernte Rasierschaum aus meinem Ohrenbereich, noch ein anderes Mal bückte sie sich, um mir meine Schnürsenkel zuzubinden, was mir sehr peinlich war, aber zugleich auch eine Mahnung, mir solche leicht ausnutzbaren Blößen nicht leichtfertig zu geben. Dabei blieb in all diesen Fällen offen, ob es sich um echte oder erfundene Fehler handelte. In der Wirkung auf den Betroffenen blieb es sich gleich. Als ich am Ende des Seminars versuchte, mich zu revanchieren, indem ich einen imaginären Punkt an ihrem Kinn hartnäckig anstarrte, riet sie mir schließlich zu einem dringenden Besuch bei einem Augenarzt, wahrscheinlich würde ich an einem Oxialmetribol-Syndrom leiden. Ihre Großtante Olga sei daran erblindet.

Frau Fritzl-Krausleiter begann ihr Seminar mit ein paar grundlegenden Ausführungen. Da sie sich praktisch genau an den Text Potters hielt, kann ich mich ebenfalls darauf beschränken, Potter zu zitieren.

Im Konversationsspiel ist es wichtig, immer schnell am Ball zu sein und dort zu bleiben. In jeder Gesprächsrunde finden sich ein paar Trutschen, die schwer von Kapee sind und insgesamt nicht viel auf dem Kasten haben. Sie pflegen sich jedem zuzuwenden, der *die Initiative ergreift*. Für jeden guten Lifeman geradezu ein Kinderspiel. Eine ganz simple Methode geht so: Man stellt eine Frage – und beantwortet sie sofort selber, nachdem ein anderer gerade eben noch Zeit zu einem ›Oh‹ oder einem ›Nun ja‹ hatte. Lifeman: »Ich wüßte gerne, wie groß die Lebenserwartung eines, sagen wir mal, dreißigjährigen Werbefritzen ist, zur Zeit, meine ich«. Die passende Antwort hat er natürlich in *Whitackers Almanach* vorher nachgeschlagen. Ohne zu zögern gibt er sich selber die Antwort.

Eine andere, schwer zu konternde Eröffnung ist die ermutigende, lobende persönliche Bemerkung, mit der man einen Rivalen treffen möchte: »Donnerwetter, wie schaffen Sie es immer wieder, so *gesund* auszusehen?« Dafür gibt es viele Variationen, etwa: »Heute sehen Sie ja ganz toll aus, mein Bester«, woraus dieser schließen kann, daß er bei der letzten Begegnung krankenhausreif ausgesehen haben muß. Subtiler und schwieriger zu kontern ist eine Eröffnung wie diese:

Lifeman: »Sie sehen wunderbar entspannt aus. Ihnen muß etwas sehr Erfreuliches zugestoßen sein.«

Darauf die J. Pinson-Antwort: »Sie sehen auch unheimlich entspannt aus.«

Lifeman: »Ja, aber noch lange nicht so entspannt wie Sie.«

Pinson: »Ich fühle mich aber eher gestreßt.«
Lifeman: »Oh, aber Sie wirken sehr entspannt.«
Wenn zwei Lifemen dieses Zuschnitts aufeinander prallen, kann das noch gute zwanzig Minuten so weitergehen.

Die Vereisungstaktik

Das ist die Methode, wie man bei Gegnern ein verlegenes Schweigen erzeugen kann. Sie ist oft von bemerkenswerter Kraft, wie einige Beispiele zeigen sollen.
a) Erzählen Sie eine komische Geschichte (nicht sehr ratsam).
b) Wenn ein anderer eine komische Geschichte erzählt, versuchen Sie nicht, durch eine eigene komische Geschichte gleichzuziehen, sondern hören vielmehr aufmerksam zu, allerdings ohne eine Miene zu verziehen, ohne zu lachen oder auch nur zu lächeln. Der Erzähler soll das Gefühl bekommen, daß seine Geschichte ziemlich unwitzig oder gar geschmacklos ist. Nützen Sie Ihren Vorteil aus. Wenn er zum Beispiel eine Geschichte über einen Einbeinigen erzählt und neu in diesem Kreis ist, spricht nichts dagegen, so zu tun, als ob Sie selber ein Holzbein hätten oder zumindest schwer hinken würden. Das könnte den Komiker für den Rest des Abends zum Schweigen bringen.

Unsere Kursleiterin präsentierte folgende weitere Beispiele: Wie kann man einen sehr eloquenten Gesprächspartner so verwirren, daß er seinen Redefluß mittendrin abbricht und vielleicht sogar zusammenbricht?
a) Die physische Methode: Nicht den Mann selber, sondern seine Gestik, seine Handbewegungen beobachten.

b) Eine vor ihm stehende Vase von ihm wegschieben und damit andeuten, daß er sie in seinem Übereifer fast vom Tisch gefegt hätte und daß seine wilden Gesten überhaupt ganz unenglisch seien und eher zu einem obskuren Südamerikaner passen würden. Wenn jemand wirklich komisch ist und seine Zuhörer zum Lachen bringt, sollte man

a) in das Gelächter einstimmen, dann

b) allmählich ernst werden und seinem Nachbarn zuflüstern, wie gut man jetzt statt dessen ernsthaft über Martin Heidegger sprechen könnte.

Alternativ: Bei einem Gespräch sollten Sie

a) aufmerksam zuhören und dann

b) Ihrem Nachbarn unüberhörbar zuflüstern, daß Borussia bei Halbzeit gegen Herta BSC 1 : 0 in Führung liegt. Sie können natürlich auch auf das schwergewichtige Gespräch direkt eingehen und bemerken, daß es typisch deutsch sei, jedes, aber auch jedes Thema zu zergrübeln und dann noch so bierernst. Damit kann man jeden Heidegger vom Tisch fegen.

Frau Fritzl-Krausleiter beendete ihre Ausführungen und wandte sich nach dem Mittagessen einem neuen Thema zu.

Religion und Kirche

»Das Thema ist heutzutage und hierzulande nicht sehr relevant, aber gerade darum hat es seine Möglichkeiten. Ein ehemaliger Seminarteilnehmer, prononcierter Atheist und 68er, Torsten Bleck, tat eines Tages den vielbeachteten Ausspruch: ›In einer von Gott verlassenen Welt wie der unseren müssen wir wieder zum Glauben unserer Väter zurückkehren.‹ Torsten Bleck pflegte sich dann, Zustimmung erheischend, im Kreise umzublicken und hinzuzufügen: ›Ob ihr's glaubt oder nicht: Ich habe wieder den Weg zu Gott gefunden. Dort, wo ich wohne, finde ich meine innere Ruhe in einer kleinen Dorfkirche, in der ich oft im Gebet verweile.‹

Ich bringe Ihnen jetzt zwei weitere Beispiele aus früheren Seminaren, die Sie bitte mitschreiben.

›Auch ich habe Gott wiederentdeckt, und zwar in einer kleinen Kapelle in Umbrien, ganz nah bei unserem Haus auf einem Hügel, wo ich mich IHM ganz nahe fühle. Die Kapelle wird nur von ein paar alten Frauen aus der Umgebung besucht.‹

›Kapellen, Kirchen, das ist mir alles viel zu äußerlich. Wir haben einen kleinen Hausaltar, direkt neben der Besenkammer, wo ich manchmal, wenn mir danach ist, niederknie und mit IHM Zwiesprache halte. Wenn Sie uns mal besuchen, steht er Ihnen natürlich auch zur Verfügung.‹«

Frau Fritzl-Krausleiter sah von ihren Aufzeichnungen auf: »Das ist ein Beispiel ganz im Sinne unseres Lehrmeisters und seiner Frage: Wie kann man als fromm gelten, ohne jemals eine Kirche besucht zu haben, ja, Florestan?«

»Kirchen sind mir einfach zu profan, da geht doch jede Innerlichkeit flöten. Seinen Gott kann jeder in sich selbst tragen.«

Monika: »Ach, diese abgetakelten, abgefuckten christlichen Religionen! Ich habe meinen Frieden und meine innere Ruhe in Buddha gefunden. Wer von euch denkt denn schon über seine Wiedergeburt nach?«

Rainer: »Ich habe das alles schon ausprobiert. Es bringt nicht soviel, wie man meint. Yoga, eine halbe Stunde täglich auf dem Kopf stehen und dabei an gar nichts denken...«

Fritzl-Krausleiter übernahm wieder die Gesprächsleitung und verwies auf die Tatchristen, die kein Aufhebens von ihrem Glauben machen würden, sondern schlicht, im Sinne der Bibel, gute Werke verrichteten. Potter erwähnt einen gewissen Carraway, der sich diesem Ideal verpflichtet fühlte, gegen einen echten ausgepichten Lifeman aber kläglich scheitern mußte, zum Beispiel an Brood. Die Carraway-Leute setzen ganz auf Fröhlichkeit und Hilfsbereitschaft. Jeden Morgen trifft Brood Carraway auf dem Bahnsteig von Redhill zum 8 Uhr 50-Zug. Jeden Morgen sagt Brood zur Begrüßung: »Säen Sie immer noch das Korn?« Diesen Scherz wiederholt er vierhundert Tage lang, nur um sich an dem gequälten Lächeln von Carraway zu weiden.

Brutale Zeitgenossen fordern brutale Methoden. Ein Bekannter Potters namens Offset wandte einen subtileren Plan an.

Es gelang ihm gewöhnlich, Carraways Zug nach East Croydon zu erwischen. Wann immer er einsteigen mußte, pflegte der zu seinem Entsetzen seine Hand zu ergreifen, um ihm die Stufen hinaufzuhelfen, seine Aktenmappe ins Gepäcknetz zu legen, ihm seine Zeitung anzubieten, ja, ein- zweimal bot er ihm sogar, weil er so übermüdet aussähe, *seinen Sitzplatz* an. Dagegen entwickelte Offset eine effektive Gegenwaffe: Wann immer Carraway Anstalten machte, ihm zu helfen, machte er blitzschnell einen Gegenzug: Er spitzte Bleistifte und reichte sie Carraway »fürs Kreuzworträtsel«, obwohl Carraway niemals Kreuzworträtsel löste. Oder er wartete in East Croydon mit einer großen Schale heißen Tees, einem Arm voller Magazine und einigen Scheiben Ingwerbrot, alles für Carraway. Trafen sie dann in London ein, würde er darauf bestehen, ihm aus dem Zug zu helfen, ja, man konnte sogar einmal beobachten, wie Offset Carraway buchstäblich hinaustrug. Das brachte ihm auf unserer Rangliste der führenden Lifemen glatte 84 Punkte ein. Odoreidas Methode, wenn man es überhaupt so nennen will, unterschied sich erheblich von dieser und war, das darf ich wohl sagen, typisch für Odoreida: Nicht nur, daß er Carraway gestattete, ihm seinen Eckplatz zu überlassen – »Ich leide nämlich an der Eisenbahn-Krankheit« – und sein gewöhnlich kleines, in braunes Papier gewickeltes Paket ins Gepäcknetz zu befördern, er setzte ihn auch in Marsch, um Zigaretten oder Streichhölzer zu besorgen. Sehr oft borgte er sich sogar noch fünf Schillinge von ihm mit der Begründung: »Ich habe kein Wechselgeld bei mir, um dem Gepäckträger Trinkgeld zu geben.«

Stadtmenschen auf dem Lande

Tagebuch
2. Juli: Unser neuer Seminarleiter Felix Kurzeisen begann mit einer Fragestunde:

»Womit gehen Stadtmenschen uns am meisten auf den Wecker?«

Lydia: »Mit ihrer Schwärmerei vom Melken, von dem Vergnügen, ein Kuheuter in der Hand zu halten, wenn sie sich brüsten mit dem eigenen Gemüse, den endlosen Erzählungen von neugeworfenen Ferkeln, mit ihren Reitausflügen durch die Felder, den selbstgeangelten Forellen und der Freude, jeden Morgen um sechs Uhr aus den Federn zu sein und um neun Uhr abends schon ins Bett zu gehen – zugegebenermaßen eine schwere Umstellung.«

Kurzeisen: »Welche Spezies nervt dabei ganz speziell, Clüver?« (Dabei sah er Kottwitz an, der stumm blieb.) Kurzeisen sah auf seine Teilnehmerliste: »Sie heißen doch Clüver?«

Kottwitz: »Nein, ich heiße Kottwitz. Clüver hat sich streichen lassen.«

Kurzeisen: »Tut mir leid. Passiert mir immer wieder. Darf ich Sie bei Ihrem Vornamen David nennen?«

Kottwitz: »Ich heiße aber Torsten.«

Kurzeisen: »Schade. David würde viel besser zu Ihnen passen. Nun gut. Torsten, zurück zu meiner Frage.«

Torsten ärgerten die Landleute, die heimlich die ganze Woche in ihrer Stadtwohnung verbringen und nur an den Wochenenden draußen sein würden, aber gerne darauf hinwiesen, wie weit weg sie innerlich und äußerlich von dem ganzen gesellschaftlichen Zirkus in der Stadt seien.

Kurzeisen fragte, wie man ihnen kleine Fallen stellen könne, um ihr Naturgetue zu entlarven.

Monika schlug vor, Feste zu erwähnen, auf die sie garantiert nicht eingeladen werden, weil sie halt nicht dazugehören.

Kurzeisen: »Im letzten Kursus hatten wir hier einen ausgezeichneten Mann namens Luigi Weiner, von dem eine sehr empfehlenswerte Idee stammt, nämlich wie man sich, wenn man bei gutklassigen Leuten zu einem kleinen Souper eingeladen sei, ein gutes Entrée verschaffen könne. Luigi Weiner war einmal bei solchen Leuten in ihrem Landhaus soupieren. Kaum war das Souper zu Ende, zog er sein Sakko aus, rollte die Hemdsärmel hoch, räumte im Handumdrehen den ganzen Tisch ab, beförderte den ganzen Abwasch in die Geschirrspülmaschine und sagte dazu: ›Erst die Arbeit, dann das Vergnügen.‹ Natürlich hinterließ er damit bei seinen Gastgebern einen nachhaltigen Eindruck, was ihm vollständig genügte. Bei späteren Besuchen rührte er keinen Finger mehr.«

Kurzeisen fuhr fort mit dem Thema Haus-auf-dem-Lande am Beispiel der Latifundienbesitzer und fragte, was die Toskana und Umbrien-Landhausbesitzer vor allem auszeichnen würde. Er sah uns fragend an, gab aber selber die Antwort: »Ihre gespielte Bescheidenheit, ihr Understatement. ›Wir haben dort nur eine kleine Klitsche, eigentlich mehr einen umgebauten Ziegenstall.‹ Oder: ›Als wir das Grundstück für einen Spottpreis kauften, war da nichts als eine alte Scheune.‹ Am liebsten erwähnen sie noch, daß sie kein elektrisches Licht haben, sondern nur Petroleumlampen, und daß sie Trinkwasser aus einem Ziehbrunnen beziehen würden. Aufgrund einschlägiger Erfahrungen kann man davon ausgehen, daß einen dort eine grandiose Villa erwartet, wobei der Komfort geschickt verborgen bleibt, sozusagen mit eingebauter Schlichtheit. Welche Kontermöglichkeit hat der Lifeman, der auf der Durchreise auf einen Besuch vorbeikommt?«

Torsten: »Er kann, wenn dieser Besitz besonders weit abgelegen ist, heimtückisch fragen, wie weit sie es bei schweren Krankheitsfällen bis zum nächsten Arzt hätten, ob es – für den Fall von Notoperationen – in der Nähe einen Hubschrauberlandeplatz für Hospitaltransporte gäbe und noch ein Beispiel aus dem Freundeskreis erwähnen, ebenfalls in Umbrien ansässig, wo jede Hilfe zu spät kam.«

Monika: »Im Süden muß man immer mit Stromausfällen, Streiks, Wasserrationierungen etc. rechnen. Eine darauf anspielende Frage kann die vorgetäuschte Sicherheit leicht erschüttern.«

Florestan: »Man kann sich hin und wieder heftig jucken und besorgt fragen, wie sie mit den hier besonders lästigen Moskitos – die Flußnähe! – fertig würden.«

Kurzeisen: »Wie kontert der Lifeman grundsätzlich die Überlegenheits-Attitüde von Menschen, die sich darauf etwas zugutehalten, daß sie auf Attribute der Zivilisation, als da wären Telefon, TV, Radio, Fax etc., leichten Herzens verzichten können und alle bedauern, die das nicht schaffen?«

Frank: »Man weist unaufdringlich auf gewisse Verkümmerungen als Preis für diese Abschottung hin: Wie sie den Kontakt mit ihrer Muttersprache verlören, ohne sich in der fremden Sprache zu Hause zu fühlen, m. a. W. Wanderer zwischen zwei Welten werden. Dabei betont man, daß nicht die Gastgeber damit gemeint seien, zumal dieser Zustand ja erst nach ein paar Jahren sichtbar würde. Man läßt es nicht an Bewunderung fehlen für diesen Mut, diese Risikobereitschaft, alle Brücken hinter sich abzubrechen, noch einmal ganz von vorne anzufangen. Dazu sei man selber nicht imstande, man sei noch viel zu sehr ›im Geschäft‹, hänge zu sehr an seinen Freunden, müsse auch mal spontan ins Kino gehen. Man beneidet sie um ihre Unbedingtheit, um ihre Einsamkeit, erwähnt aber auch Freunde, die unter vergleichbaren Umständen verrückt geworden seien. Zum Beispiel bei den Krötermanns kündige sich eine ähnliche Krise an. Deren Haus in der Nähe von Siena liege so abgelegen, daß man den Wagen im Dorf lassen muß. Zum Haus führt ein steiniger, steiler Gebirgspfad. Sie sind stolz auf ihren eigenen Käse, auf ihren selbstgezogenen Wein. In ihrer natürlichen Kleidung sind sie von den Einheimischen, deren Dialekt sie angeblich perfekt beherrschen, kaum noch zu unterscheiden.«

»Was kann man als Gast dagegen ausrichten?« fragte Kurzeisen mich.

»Man kann das Haus nach dem ›Sündenzimmer‹ absuchen, also nach dem Raum, der mit den modernsten Geräten wie Schreibcomputer, Fax, Kopierer etc. ausgestattet ist. Wenn man ihn entdeckt hat, sollte man keineswegs viel Aufhebens davon machen, aber irgend einen kleinen Gegenstand als Gruß zurücklassen, zum Beispiel eine Rolle Faxpapier.«

Unser Referent kam nun auf das Thema: Wer hat das Haus erbaut?

Monika: »Am besten macht es sich, wenn die Besitzer es mit eigenen Händen erbaut haben, zumindest, daß es total nach ihren Wünschen erbaut und eingerichtet wurde. Der besondere Stolz ist das Badezimmer und vor allem die marmorne Badegrube, eine originelle Idee der Dame des Hauses, die schon Reporter von *Schöner Wohnen* im Haus hatte, die das Wunderwerk von allen Seiten fotografiert haben.«

Axel fügte hinzu: »Auch der Blick vom Arbeitszimmer durch die breiten Fenster über die Olivenhaine kann sich sehen lassen.«

Kurzeisen fragte, wie der Lifeman das alles kontern könne. Ich meldete mich und schlug vor: »Man kann seinen Mantel anbehalten mit der Begründung, daß es überall so schrecklich ziehe, offenbar sei das neue Haus noch nicht ganz fertig.«

Kurzeisen verwies auf die Broschüre »Was hier noch fehlt«, die das Potter-Institut Antwerpen herausgebracht hat und die sehr nützlich sei für Hausbesichtigungen aller Art, weil sie dem Gast erleichtere, die eben noch stolzen Besitzer zu nerven. Wichtig sei die Eingangsfrage: »Darf ich mir eine kleine Kritik erlauben?«, und dann könne man loslegen: Die Lampen seien nicht nur falsch angebracht, sondern überhaupt falsch für diesen Raum, die Treppe zu den oberen Gemächern sei viel zu breit, dieser Teppich würde überhaupt nicht hierher passen usw. usw. Das Ziel dabei ist, den Besitzern den Stolz auf ihr Haus so gründlich auszutreiben, daß sie es sofort nach unserem Abschied zum Verkauf anbieten.

Monika meinte, daß wir noch etwas Wichtiges vergessen hätten: Man sollte nicht nur den Mut bewundern, sich in dieser Einsamkeit niederzulassen, sondern gleichzeitig feststellen, daß diese Art von Hund zur Bewachung eines derartigen Anwesens völlig ungeeignet sei und sich nach weiteren Sicherheitsvorkehrungen erkundigen, die natürlich völlig unzulänglich sind, wie sich anhand einer Prüfung der Sicherheitsschlösser demonstrieren ließe. Weil diese Gegend zu den besonders gefährlichen zählt, solle man zu elektrisch geladenen Stolperdrähten raten, vielleicht sogar zu Schießscharten, auch der Erwerb von Abwehrwaffen solle zur Sprache gebracht werden. Man selber würde es hier keine Nacht aushalten. Beim Abschied blicke man dann den Gastgebern tief in die Augen und wünsche ihnen viel Glück mit den Worten: »Paßt auf euch auf«, als sei dieses die letzte Begegnung im Leben.

Florestan wies darauf hin, daß die »Auswanderer« aber auch einige Trümpfe in der Hand hätten, die man nicht unterschätzen sollte, vor allem sei dies ihr Umgang mit den Einheimischen, die ja gerade in dieser Gegend vom Naturell her sehr mißtrauisch seien, und daß es lange gedauert habe, bis sie ihr Vertrauen gewonnen hätten. Inzwischen habe man aber fast die eigene Sprache verlernt, was einem durch eingestreute »Wie sagt man das auf deutsch?« demonstriert wird.

Axel: »Gewöhnlich muß man bei diesen Neo-Emigranten mit folgendem Zug rechnen: Sie bedauern den Gast, der noch immer in diesem hektischen Getriebe steckt, zu seinem Job oder in sein Geschäft zurück muß, was sie alles längst hinter sich hätten.«

Rainer erinnerte sich an die Fröbels, die nur noch mit Italienern verkehrten, den Umgang mit Deutschen mieden und sich untereinander englisch unterhielten, um nicht für Deutsche gehalten zu werden.

Nachmittags wurde unser Kurs fortgesetzt. Kaum hatte Kurzeisen den Raum betreten, begann er zu schnüffeln: »Es riecht hier so merkwürdig, was mag das sein?«

Monika: »Terpentin?«

Florestan: »Minderwertiger Pfeifentabak, noch vom vorhergehenden Seminar?«

Kurzeisen schnüffelte weiter, wir gingen alle auf Distanz voneinander, die Situation war äußerst peinlich, zumal Kurzeisen das große Fenster weit öffnete und nach Luft schnappte, als sei er einem Erstickungsanfall nahe. In dieser angespannten Situation sagte Karin schnüffelnd »Schweißfüße« und warf dem direkt vor ihr sitzenden Kurzeisen einen unschuldigen Blick zu. Der wurde nur eine Sekunde lang verlegen, dann strahlte er sie an: »Gut, Karin, einen Pluspunkt« und notierte das in seinem Notizbuch.

Englisches Weekend

Tagebuch
3. Juli: Zu diesem Seminar hatte Kurzeisen einen interessanten Gast eingeladen: Horst Waldkirch. Er wurde uns als alter Bahlheimer präsentiert, Träger des Potterordens

in Aspik, und er sollte uns von seinen englischen Erfahrungen berichten. Er hatte nämlich als einer der wenigen Deutschen an einem englischen Weekend teilgenommen.

Horst Waldkirch, sinngemäß aus dem Gedächtnis wiedergegeben: Ich hatte, um mich dort nicht zu Tode zu langweilen, für genügend Lesestoff gesorgt. Als sich die anderen Gäste zu einem Federballspiel versammelten, holte ich wie von ungefähr Hegels »Phänomenologie des Geistes« aus der Tasche und erklärte, ich müßte endlich herausfinden, ob der alte Knabe mir noch etwas zu sagen hat. Darauf zog ich mich in den hintersten Parkwinkel zurück, wo ich sofort meinen angefangenen spannenden Krimi weiterlas. Fortan wurde ich von den anderen liebevoll »Mr. Hegel« genannt und galt als Hegelspezialist, was in England ganz ungefährlich ist, denn die sind dort dünn gesät. Zu meinem Krimi bekannte ich mich offen, als mein Beispiel Schule machte und sich am nächsten Tag einige Abtrünnige von der Federballfront mit gelehrten Büchern zu mir gesellten, was mich um meine Sonderstellung brachte.

Es gab einen legendären Gast, Windclaff-Borden, der 400 Seiten Manuskriptpapier mitbrachte, um an diesem Wochenende endlich in Ruhe seinen gesellschaftskritischen Schlüsselroman zu vollenden. Er tat mit diesem Roman sehr geheimnisvoll, schien alle laufend zu beobachten und machte sich immerfort Notizen, was die anderen Anwesenden sehr verunsicherte. Er schaffte es mit dieser Methode, daß alle zu ihm besonders freundlich waren, andere wiederum flüsterten ihm Klatsch über andere Wochenendgäste ins Ohr. So wurde Windclaff-Borden ohne viel Zutun zum vielbeachteten Mittelpunkt. Vorher war zu beobachten, wie verkrampft und künstlich sich alle in seiner Gegenwart aufführten, zumal er immer wieder nach seinem Notizbuch griff, offenbar um sich einen besonders einprägsamen Satz zu notieren. Es heißt sogar, eine der Damen, ihr Name wurde diskret verschwiegen, habe sich ihm nur hingegeben, um Aufnahme in seinen Roman zu finden. Daß immer wieder versucht wurde, mehr über dessen Inhalt zu erfahren und jeder bemüht war, mehr über seine Rolle darin zu erfahren, versteht sich von selbst. Gegen diesen glänzenden Einfall verblaßten alle anderen Bemühungen, sich vom üblichen Cricket und Croquet-Betrieb, der so bezeichnend für englische Wochenenden auf dem Lande ist, abzusetzen. Aber einen Konter-Fall kann ich erwähnen:

Als ein Gast namens Henry Fowler die so schön geplanten Spielstunden der Gastgeber zu sabotieren suchte, indem er aus London unerledigte Arbeit mitbrachte und so allen Faulpelzen ein schlechtes Gewissen machte, erkühnte sich ein junger Schnösel, ein gewisser Mr. Dalley, zu seinem Dachkämmerlein hochzuklimmen und sich zunächst damit zu begnügen, zuzusehen, wie Fowler emsig seinen Schreibcomputer bearbeitete und an seinem Fax-Gerät hantierte. Nach einer Weile sagte er:

»Sie sind für mich ein Phänomen.«

Fowler (unsicher): »Wieso?«

Dalley: »Einer der letzten seiner Art. Dieses Arbeitsethos, dieses, wie soll ich es nennen, Arbeiten um des Arbeitens willen, es ist fast so, als ob Sie deutsche Vorfahren hätten.«

Fowler: »Aber ich bitte Sie, das sind unaufschiebbare Arbeiten, die ich dringend erledigen muß.«

Dalley: »Ich habe durchaus verstanden und bewundere Sie immer mehr. Diese Workaholics, Menschen, die das Wort Muße nicht mehr kennen, was wäre die Wirtschaft ohne diese busy busy-Besessenheit.«

Fowler (mürrisch): »Von Besessenheit kann überhaupt keine Rede sein, und wenn Sie jetzt die Güte hätten, mich weiter arbeiten zu lassen?«

Dalley (bevor er aus der Tür geht): »Arbeiten, natürlich, daran soll Sie um Himmels willen niemand hindern...«

Unser Gast Waldkirch schloß seine Erzählung mit dem Hinweis, daß Fowler nie wieder mit einer Aktenmappe, mit Schreibpapier oder in der Nähe von Computern und Faxgeräten gesichtet worden sei.

Am Nachmittag hatte unsere Seminarleitung wieder Potters Bibel vor sich liegen. Nach einem typisch deutschen Gast bei einem typisch englischen Weekend interessierte uns natürlich, was der verehrte Meister aus seiner damaligen Sicht dazu zu sagen hatte. Potters Paradebeispiel ist ein Mann namens Cogg-Willoughby, ein Spielverderber wie er im Buche steht.

Während der Rest der Gäste sich in halbherzig organisierten Boccia-Wettkämpfen erging, an Kegelturnieren, Ping-Pong oder Croquet-Spielen teilnahm, pflegte er nur ermutigend zuzuschauen. Bald würde er aber einen riesigen Feldstecher herauskramen und sich mit den Worten »Bye, bye, allerseits, ich gehe jetzt meinem Vergnügen nach, wir sehen uns dann später!« verabschieden. Manchmal widmete er sich der Vogel-Beobachtung, ein anderes Mal waren es Schmetterlinge, gelegentlich Wildblumen. Natürlich war Cogg auf all diesen Gebieten ein totaler Ignorant, aber 99 : 1, die übrigen Gäste wußten darüber noch weniger. Cogg konnte plötzlich stocksteif stehenbleiben: »Hört mal, Leute« – aus den Weiden jenseits des Teiches war ein entferntes leises Quaken zu hören –, »diesen Frosch kann man leicht erkennen, das ist ein Pippit-Frosch, wie man ihn, glaube ich, in dieser Gegend zu nennen pflegt«, wie er sicherheitshalber hinzufügte. Am Sonntag folgten ihm bereits die meisten der Damen auf seinem Rundgang, blieben mit ihm stehen und lauschten oder starrten irgendeinen Dreckhaufen an.

Potter rühmte die Sauberkeit und Offenheit seines Spiels, nur bei einer einzigen Gelegenheit zeigte er eine Spur Unbehagen, was verständlich war, denn schuld daran war der berüchtigte Gastgeber-Schmeichler de Sint. Dieser dunkle, talmihafte Typ hatte es zum Liebling aller Gastgeberinnen gebracht. De Sint hatte die Gewohnheit, sich am ersten Sonnentag des Jahres bis zur Hose runter zu entblößen und ein Sonnenbad zu nehmen. Im Gegensatz zu Cogg, der makellos weiß blieb, und zu Potter selber, der rasch die Farbe roter Beete annahm, wurde die Haut von de Sint honigbraun, und zwar vom ersten Sonnenstrahl an. In solchen Situationen zeigte Cogg seine ganze Meisterschaft.

Cogg-Willoughby: »Donnerwetter, Sie bräunen aber leicht.«

De Sint: »Finden Sie?«

Cogg-Willoughby: »Ja, Sie sind ein richtiger Glückspilz.«

De Sint: »Nun ja, also, ich weiß wirklich nicht...«

Cogg-Willoughby: »Es heißt, daß Menschen, die von da unten aus dem Süden kommen, leichter bräunen.«

De Sint: »Ich weiß nicht, eigentlich bin ich gar nicht...«

Cogg-Willoughby: »Doch, da muß irgendein Tropfen Mittelmeerblut in Ihnen sein.«

Schon der bloße Verdacht, de Sint könne mittelmeerisches Blut in den Adern haben, macht ihn bei Engländern dieser Klasse suspekt, zumal Cogg-Willoughbys Betonung unüberhörbar darauf anspielte. Nach dieser Schlappe bemühte sich de Sint intensiv darum, möglichst jeden Zentimeter seines Körpers bedeckt zu halten.

Kurzeisen fragte: »Welche Möglichkeiten hätte ein Cogg-Willoughby heute bei uns?«

Florestan: »Das Ozonloch. Er könnte sagen, für mich sind Sie ein Held. De Sint würde verwirrt ›warum?‹ zurückfragen und Cogg-Willoughby antworten: ›Weil Sie dieser Gefahr aus dem Himmel trotzen und keine Angst vor Hautkrebs haben.‹ De Sint würde erschrecken: ›Sie meinen, sowas kriegt man so schnell?‹ und Cogg noch einen draufsetzen durch Fälle in seiner Bekanntschaft, wo dies über Nacht geschah.«

Olga: »Er könnte den sich sorglos in der Sonne Bratenlassenden plötzlich mit einer großen Plane zudecken, um ihn im letzten Augenblick vor den heute besonders gefährlichen Sonnenstrahlen zu schützen.«

Kurzeisen übernahm wieder: »Kehren wir zurück zu Potter. Er erwähnt immer wieder einen gewissen Odoreida, den er nicht gerade für einen Pionier hält, wenn es um die Entwicklung neuer Strategien geht, aber dessen gelegentliche Geistesblitze er doch bewundert, wie etwa diesen: Es geht um die in England so beliebte Vogeljagd.

Einer der Weekend-Gäste, ein Redruth, trug sonst nichts zur Unterhaltung der Gäste bei, galt aber als Vogelkenner. Andererseits war er ein katastrophaler Schütze, was er aber zu verbergen suchte.
Redruth: ›Auf meine Teilnahme an der Jagd müßt ihr verzichten, ich bin zwar kein Vogelfreund, aber mein gutes altes Gewissen verbietet mir, sie einfach abzuknallen. Abgesehen davon finde ich, daß es sich um wunderbare Geschöpfe handelt.‹
Odoreida (der Redruth nicht leiden konnte, grunzte): ›Vermutlich gehören Sie zu denen, die absichtlich daneben schießen, aber keine Skrupel haben, diese »wunderbaren Geschöpfe« zu *verspeisen*.‹
In Gegenwart von General Ould und Gattin konnte Redruth aber auch ganz anders argumentieren. Bei ihnen berief er sich auf seine schwache Gesundheit. Schon der kleinste Windhauch könne seine Tbc-Zellen wieder aktivieren. Um dieses Alibi noch überzeugender zu gestalten, trug er auch im Zimmer immer einen Hut aus Schutz vor dem Zugwind. Odoreida fand dieses Gehabe unausstehlich und konterte mit einem Gegenzug, den keiner von uns gewagt hätte, den wir aber alle bewunderten: Außer Redruths Hörweite sagte er ganz unverhohlen, das einzige, worunter Redruth leide, seien Spulwürmer.«

Am Nachmittag – auf dem Programm stand immer noch das englische Weekend – bekamen wir einen neuen Seminarleiter, Leichner-Bilz, der aus Potters Buch referierte, wie man sich bei solchen Einladungen als »sehr wichtige

Person« aufplustern kann, wozu er als Beispiel den armen Geoffrey Field anführte. Dieser wirkte am Freitagabend total erledigt und verkündete, daß er sich an diesem Wochenende unbedingt regenerieren müsse, wenn er die nächste Arbeitswoche überleben wolle. Er pflegte sich dann in seinem Liegestuhl auszubreiten, alle Glieder von sich zu strecken, die Arme von den Stuhllehnen baumeln zu lassen – ganz mit sich und der Welt zufrieden: »Hier können mich wenigstens keine Anrufe erreichen, keine Faxe, niemand weiß, wo ich bin, außer Bates natürlich.«

Niemand wußte, wer dieser Bates war, nur Potter wußte, daß er gar nicht existierte und daß Field schon seit neun Monaten arbeitslos war. Doch Field genoß unter den anderen Gästen ein gewisses Ansehen und wurde gewöhnlich rührend betreut. Wenn es am Montagmorgen ans Abschiednehmen ging und man nach einem Taxi für ihn rufen wollte, winkte er ab: »Besten Dank, aber das Ministerium schickt einen Wagen.« Wenn alle anderen schon auf dem Heimweg waren, würde Field mit der U-Bahn nach Ealing Broadway fahren und auf einem Städtischen Spielplatz Squash spielen, eventuell mit sich selber.

Die Grundlagen von Lifemanship

Nachdem Sie inzwischen einige Prinzipien von Lifemanship kennengelernt haben, zögern Sie nicht, sie auch in der Praxis anzuwenden. Diese ersten Versuche sind für den angehenden Lifeman sehr aufregend. Dabei darf er nie das Ziel aus den Augen verlieren, dem Experten eins auszuwischen. Potter erteilt folgenden Rat:

Ich bin überzeugt davon, daß zum ABC jedes angehenden Lifeman eine gründliche Kenntnis des Experten-

Konterns gehört. Ohne die geringste Kenntnis, ohne jede Bildung ist es durchaus möglich, bei allen Konversationen mitzuhalten, ja bisweilen sogar ernste Zweifel, was den Wert von Experten-Urteilen anbelangt, zu säen. Man kann sich kein schöneres Vergnügen vorstellen, als den Anblick eines guten Lifeman, der so unwissend ist, daß er kaum die einfachsten Worte buchstabieren kann, und der es trotzdem schafft, einen Experten auf seinem eigenen Gebiet wie einen Tölpel aussehen zu lassen. Zum Start eine kleine praktische Übung zum Anwärmen: Der Experte für internationale Beziehungen hat das Wort. Er ist in vollem Schwung...

Experte: »Eine echte Beziehung kann nicht auf der Grundlage gegenseitiger Abhängigkeit von neutralen Märkten bestehen. Otto Hübsch würde so etwas unterbinden. Er war damals gerade in Wien, müssen Sie wissen...«

Lifeman (als ob er das den anderen Zuhörern erklären müßte): »Es war nämlich Otto Hübsch, den ein Erzbischof daran gehindert hat, sein Amt in Sofia anzutreten...«

Wir gingen weitere Experten durch und landeten bei dem globalen Reiseexperten, für den sich auch Potter interessierte, besonders der Typ, der immer zufällig gerade dort war, wo sich etwas ereignete, etwa ein Erdbeben oder ein Vulkanausbruch. Es wäre gesellschaftlich gesehen auch recht vorteilhaft, eine Schiffs- oder Flugzeugkatastrophe überlebt zu haben...

Ralf: »...oder, um von der Gegenwart zu sprechen, eine Verabredung im New Yorker World Trade Center gehabt zu haben, als dort die Bombe explodierte...«

»Gut«, lobte Leichner-Bilz, »jedenfalls sind diese Tat- und Augenzeugen, wie die wissenschaftliche Potter-Literatur beweist, sehr schwer zu kontern. Das gilt besonders für Schlachtenbummler, die gerade aus irgendeinem Krisengebiet heimgekommen sind. Machen wir ein Rollenspiel. Florestan, Sie kommen soeben aus dem Süden der Türkei, wo gerade wieder ein Kurdenaufstand stattfindet.«

Florestan: »Ich unterliege zwar der Geheimhaltungspflicht, kann aber doch soviel dazu sagen: Anasaw ist immer noch in der Hand von General Gusow, dürfte aber in den nächsten Tagen in die Hände der Türken fallen . . .«

Rainer: »Ich kenne General Gusow noch aus der Zeit, als er Oberstleutnant war. Er schickte mir einen Fahrer, und unterwegs gerieten wir unter Beschuß. Guerillas. Zum Glück saß ich vorn beim Fahrer, hinten wäre ich durchsiebt worden. Es war alles in allem etwas ungemütlich, aber ich bin doch froh, als Zeitzeuge dabeigewesen zu sein.«

Axel: »Ich kann da gar nicht mitreden, denn in dieser Gegend war ich nie, ich war weiter südlich, im Nord-Irak, und weiß jetzt, wie man sich als Geisel fühlt. Aber ich wurde erstaunlich menschlich behandelt, spielte mit meinen Wächtern gelegentlich eine Partie Schach. An die Nerven geht aber diese ständige Ungewißheit, diese Angst, naja, ich habe es überstanden.«

Monika: »Ich muß da an Herrn Wichtig denken, der als Gartenbauarchitekt beim Maharadscha von Eschnapur gearbeitet hat. Wie er schon am Morgen von den Dienern gesalbt und gebadet wurde, die ihm auch sonst jeden Wunsch von den Augen ablasen, wie er zum Vertrauten, ja zur Grauen Eminenz des Maharadschas wurde, wie ihm das alles aber irgendwie zuwider wurde und er sich in ein winziges Schweizer Gebirgsdorf zurückzog.«

Leichner-Bilz: »Was können wir dem entgegensetzen?«

Knut: »Ich habe Indien sozusagen von der entgegengesetzen Seite her kennengelernt. Ich war dort im Auftrag der UN-Hungerhilfe und habe im Slumbezirk von Bombay bei und mit den Ärmsten der Armen gelebt und mich von denselben Hungerrationen ernährt wie sie. Ich werde die Herzlichkeit und Wärme dieser armen Menschen nie im Leben vergessen.«

Normalerweise sollte damit der Lifeman den Experten

zum Schweigen bringen. Aber Vorsicht! Diese Gegen-
attacke ist nichts für unerfahrene Anfänger!

Leichner-Bilz genehmigte sich und uns eine kleine Kaffeepause und nahm dann den Faden wieder auf: Potter
kommt in diesem Zusammenhang auf seinen alten Freund
Cogg-Willoughby zurück, dem wir einige erfolgreiche Ge-
genzüge aus der Sicht des Psychiaters verdanken, was folgendermaßen aussieht:
Der Experte ist groß am Zug, alle Zuhörer hängen buchstäblich an seinen Lippen. Cogg wartet gespannt auf seine
Chance. Früher oder später wird der Experte sagen, daß er
wohl ein bißchen zuviel rede und fragen, ob er aufhören soll.
Cogg: »Nein, nein, fahren Sie bitte fort, wir sind alle
ganz Ohr.«
Experte: »Aber ich rede schon so lange.«
Cogg: »Macht nichts. Hauptsache, es tut Ihnen gut.
Man merkt es Ihnen an, daß Sie das brauchen, vielleicht
mangelt es daheim an Gelegenheit. Wir hören Ihnen hier
alle gerne zu, also bitte...«
Fortan machte der Experte seinen Mund nicht mehr auf
und hielt sich von den anderen betont fern.
Cogg zeigte sich in Glanzform, wenn es darum ging,
Psychiater auszupottern, was seine Lieblingsbeschäfti-
gung war.
Potter hat folgenden Dialog zwischen Cogg-Willoughby
und einem berühmten Psychiater notiert:

Cogg-Willoughby: »Ich gehe wohl nicht fehl in der Annahme, daß Sie dauernd beobachten und analysieren,
Prof. Kreuzfeld-Ebenfeld?«
Kreuzfeld-Ebenfeld: »Das ist mein Beruf.«
Cogg-Willoughby: »Sie verunsichern mich. Ich werde
mir meiner zu bewußt.«
Kreuzfeld-Ebenfeld: »Warum eigentlich? Mich interessiert nur der Moment, in dem Sie sich Ihrer nicht bewußt sind. Zum Beispiel ist Ihnen gewiß nicht bewußt,

daß Sie Ihren Nacken mit der linken Hand streicheln, während Sie jetzt mit mir reden.«

Cogg-Willoughby (der das absichtlich tut): »Nein, wirklich?«

Kreuzfeld-Ebenfeld: »Wissen Sie, warum Sie das tun?«

Cogg-Willoughby: »Nein, was meinen Sie denn?«

Kreuzfeld-Ebenfeld: »Sie hatten einen Bruder oder jungen Vetter, der ein ausgezeichneter Schwimmer war, stimmt's?«

Cogg-Willoughby: »Könnte man sagen.«

Kreuzfeld-Ebenfeld: »Und Sie sind kein guter Schwimmer... ja?«

Cogg-Willoughby (warmherzig): »Ich bin froh, das von Ihnen zu hören.«

Kreuzfeld-Ebenfeld: »Froh?«

Cogg-Willoughby: »Das ausgerechnet Sie die ›Doktrin von 95‹ vertreten.«

Kreuzfeld-Ebenfeld: »Fünfundneunzig was?«

Cogg-Willoughby: »Zurück zu den Fundamenten. Zurück zu der Doktrin von Hardt, wie sie mir noch mein Vater beigebracht hat.«

Kreuzfeld-Ebenfeld: »Ja, ja, Hardt...«

Cogg-Willoughby: »Wie schon der alte Freud in seinem komischen Englisch sagte: ›He was above me, Ei wos his pupil.‹«

Kreuzfeld-Ebenfeld: »Interessant, interessant.«

Aber ihm war klar, daß er fortan auf verlorenem Posten stand.

Anfängern in der Kunst der Anti-Psychiatrie rät Potter, Begriffe wie »Exhibitionismus« oder »Ödipus« zu murmeln, wenn der Rivale gerade zu großer Form aufläuft, oder nur ganz schlicht das Wort »Tante« einzuwerfen. In diesem Zusammenhang verweist er auf die Lifemanship Psycho-Synthesis-Klinik, ein paar Schritte von der Wimpolestreet entfernt, die dort immer noch existiert. Ihr Leitwort, damals wie heute: »Hier bekommen Sie Ihre Hem-

mungen zurück« oder »Sublimieren Sie bei uns«. Die Mitarbeiter des Instituts machen von Anfang an klar, daß sie
keine qualifizierten Ärzte sind. Sie sind nirgendwo wis-
senschaftlich anerkannt, aber unabhängig von irgendwelchen Kliniken. Sie verschreiben keine Rezepte, erteilen
keine Ratschläge, sondern sie bringen ihre Patienten nur
zum Reden, und zwar behutsam.

Es wird dem »traditionellen« Patienten zunächst seltsam
vorkommen, daß der Psycho-Synthesist bequem ausge-
streckt auf der Couch liegt und seinen Patienten dazu ermuntert, auf und ab zu spazieren. Die Diagnose lautet:
unterdrücktes und frustriertes Bewußtsein, die Therapie:
der intellektuellen Selbstkritik die Zügel schießen zu lassen. Die Behandlung ist nicht ganz billig. Die Basistherapie
findet zweiwöchentlich statt und dauert sechs Monate. Am
Ende dieser Periode ist es völlig natürlich, daß Sie Ihren
Synthesisten hassen und verachten. Das heißt, daß die Behandlung angeschlagen hat aber fortgesetzt werden muß,
bis der Patient sich von dieser aggressiven Abwehrphase
gelöst hat. Natürliche Antagonisten des Lifeman sind die
Psychoanalytiker oder, wie Potter sie nennt, die »freundlichen Feinde des Lifeplay«. Sie haben ihre eigene Organi-
sation, ihre eigene Literatur und ihre eigene Terminologie.
Protagonisten der Lifemen-Bewegung schätzten schon immer den Wert ihres »psychoanalytischen« Blicks und haben davon nach Bedarf Gebrauch gemacht, um jede Konversation zu ersticken. Endlich können die Lifemen mit Hilfe
der Psycho-Synthetischen Klinik zurückschlagen. Lassen
Sie mich jetzt zu einem verwandten Problem überleiten.
    Vergleichbar der Situation, mit einem Experten fertig-
werden zu müssen, ist die, in einer Versammlung einen
Vortrag zu halten, die von einem starken Vorsitzenden
dominiert wird.

Stilvoll ist es, immer das Gegenteil zu tun. Mal angenommen, Ihr Vorsitzender ist ein ausgebuffter Redner,

der genau weiß, wie man einfach mit gekreuzten Armen ganz entspannt neben dem Redner steht, dann deuten Sie sofort an, daß Sie aus ganz anderem Holz geschnitzt sind, indem Sie nämlich Ihre Hände ziellos herumspazieren lassen, sich lässig am Hinterkopf kratzen oder an Ihrem Kragen herumzerren. Wenn Sie das Pech haben, und Ihr Vorsitzender ist ein bekannter Sportsmann, dann sollten Sie durch ein leichtes Zittern an den Sportsgeist Ihres Publikums appellieren. Es macht jeden Vorsitzenden nervös, wenn der Redner kurz vor seinem Auftritt das Mikrophon ausprobiert, und noch mehr, wenn er an der Beleuchtung herumfummelt. Wenn er etwas altersschwach ist, könnte es nützlich sein, ihn zu bitten, ein schweres Pult um dreißig Zentimeter nach rechts zu verschieben. Im allgemeinen sollte man mit dem Vorsitzenden ruhig ein wenig barsch umspringen. Mir ist noch keine Zuhörerschaft untergekommen, die keinen Spaß daran hatte, wenn der Vorsitzende eins auf die Mütze bekam. Gewarnt sei ausdrücklich vor dem abgedroschenen Fehler, über Scherze des Vorsitzenden zu lachen oder den Kopf zu schütteln. Immer, vor allem aber und ganz besonders, wenn er Ihnen ein Kompliment macht, sollten Sie keine Miene verziehen. Lassen Sie Ihren Blick lieber kühl, jedoch aufmerksam über die Gesichter der Zuhörer gleiten, als ob Sie überrascht und interessiert seien über ihr Aussehen oder ihre Nationalität. Wenn nach seiner Einführung Beifall gespendet wird, dann sollten Sie zweimal kurz in die Hände klatschen, als ob Sie dem Vorsitzenden das Gefühl geben wollten, daß er hin und wieder auch ein bißchen Beifall verdient hätte. Wenn der Vorsitzende neben Ihnen auf dem Podium sitzt, macht es sich vielleicht ganz gut, wenn Sie sich ihm plötzlich zuneigen würden und laut die Frage stellen: ›Mich würde es wirklich interessieren, ob Dr. Riemann mir zustimmt.‹ Das dürfte Dr. Riemann schwer irritieren und ihm Schuldgefühle einflößen, denn er hat sich gerade ein kleines Nickerchen gestattet. Wenn er dann seine Dankrede hält, zollen Sie ihm nicht die geringste Aufmerksamkeit. Sie dürfen zwar, während Sie Ihre Papiere zusammensuchen, Ihre Brille einstecken und lächeln, aber mehr zu sich selber. Beim anschließenden Empfang können Sie sich ganz entspannt und lässig unter die jungen Zuhörer mischen und in einem lockeren Ton mit ihnen plaudern. Seien Sie hingegen eher wortkarg zum Vorsitzenden. Das wird ihm das Gefühl geben, irgendeinen schweren Fauxpas begangen zu haben.«

Leichner-Bilz räusperte sich und nippte an seinem bereitstehenden Wasserglas. Er fixierte uns kurz und hub erneut an: »Gestatten Sie mir einen kurzen Exkurs zu dem eben Gesagten. Die Schwäche vieler Vortragender ist, daß sie in Wirklichkeit immer nur einen Vortrag halten – nämlich mehr oder weniger immer denselben.

Die Vortragsweisen von Gattling-Fenn haben mich immer fasziniert. In späteren Jahren hielt er nur einen einzigen Vortrag – über den Unterschied zwischen dem englischen und dem amerikanischen Humor – und den hielt er, wie immer der angekündigte Titel seines Vortrages auch sein mochte. Er würde zu Beginn sein Notizbuch herausziehen und seine Ausführungen mit den Worten beginnen: »Heute werde ich, wenn ich den Wunsch unseres Herrn Vorsitzenden richtig interpretiere, über die ›Gotik in der Kunst‹ sprechen unter besonderer Berücksichtigung des Unterschiedes zwischen dem englischen und dem amerikanischen Humor.« Hierbei muß man allerdings immer mit der Gefahr rechnen, daß man in der ersten Reihe jemanden erblickt, der Ihren Vortrag über *Ralph Waldo Emerson* letzte Woche gehört hat und gewiß höchst überrascht ist, daß Ihre *Gotik in der Kunst* genau denselben Wortlaut hat. In dieser Situation muß man die Flucht nach vorn antreten. Sagen Sie einfach, daß Sie entzückt darüber seien, im Publikum einen Zuhörer zu entdecken, der die Schwierigkeit bestätigen kann, die wir damit haben, diese Prinzipien auf Emerson anzuwenden. Sagen Sie auch, falls notwendig, daß diese Person eine interessante vertiefende Frage gestellt hat, was natürlich totaler Unsinn ist, den potentiellen Feind aber erstmal verunsichert und ihm schmeichelt, so daß Ihre Chancen erhöht werden, daß er ab jetzt mitzieht und nicht weiter stört.

Männer und Frauen

Tagebuch

12. Juli: Ich hatte mich zu dem Kurs von Leichner-Bilz »Sex und Pottern« einschreiben lassen, der begreiflicherweise großen Zuspruch fand. Potter behandelte zunächst, wenn auch nur kurz, die Geschichte des Flirts. Der Flirt, so Potter, ist nachweislich schon im alten China bekannt gewesen. Die Kreter waren geradezu berühmt für ihre Kunst des Flirtens. Es gab ein ganzes Ritual, sozusagen als Vorstufe zur Verlobung. Potter wirft dann die immer wieder aktuelle Frage auf, ob das Flirten in der Schule gelehrt werden sollte, und bejaht sie. Es ist völlig vernünftig, absolut in Ordnung, es besitzt eine natürliche Schönheit, müßte aber als Unterrichtsstoff angemessen behandelt werden. Das ist wichtig.

Als Prototyp führt er den uns schon bekannten Gattling-Fenn an. Dessen Wahlspruch lautete: Jede Frau stellt ein anderes Problem dar; anders formuliert: Jede Frau stellt dasselbe Problem dar. Wie oft ist diese Feststellung schon gemacht worden. Für den alten Frauenfreund waren das Problem und die Art, sich ihm zu nähern, ein und dasselbe. Das hatte natürlich auch mit einem unübersehbaren

Defekt bei ihm zu tun: Er wurde auf eine seltsame und komische Art kahl. Außerdem hatte er eine Neigung, sich mit einer gewissen Beharrlichkeit in besonders hübsche Mädchen zu verlieben, bei denen zwischen dem bezaubernden Außen und dem faden Innen eine ziemliche Diskrepanz bestand.

Wie sich nun Gattling mit seinem Handicap behaftet an so eine Frauensperson herantraute, und wie es ihm gelang, deren Interesse zu erwecken, das zu beobachten war immer wieder ein Erlebnis. An seiner Theorie ist gewiß nichts Neues, seine Praxis hingegen ist bis heute unübertroffen:
»Das Prinzip«, so Gattling-Fenn, »ist ganz simpel. Man darf nicht den Anschein erwecken, als ob man gegen seinen Willen der Anziehungskraft eines solchen Geschöpfes erliegt, und das auch noch so stark, daß man es nicht einmal über sich bringt, es auch nur anzusprechen. Vielmehr sollte der Angebeteten ganz unverblümt zu verstehen gegeben werden, daß ihr Gesicht, daß du voller Bewunderung anstarrst, in Folge eines seltenen Glücksfalls der Natur von makelloser Schönheit und erotischer Vollkommenheit sei, wie sie uns Sterblichen nur ganz ganz selten zuteil werden.«
Gattling-Fenn pflegte in ziemlich langen Sätzen auf seine Opfer einzureden, denn das gehörte zu seiner Strategie. Manchmal sprach er aber auch in ganz kurzen Sätzen, und wenn er zum Angriff überging, war er meist geradezu einsilbig. Gattling ist es also nach vielem Hin und Her geglückt, sich neben ein nicht eben gewitztes, aber hübsches Mädchen zu plazieren und geht zum Angriff über:
Gattling (scheinbar mit Langeweile kämpfend): »Ich muß Sie schon irgendwo gesehen haben, vielleicht in einem Film- oder Fernsehstudio?«
Sie (diese Möglichkeit nicht direkt in den Wind schla-

gend, aber doch eher verhalten): »Das ist aber sehr unwahrscheinlich.«

Gattling: »Tut mir leid, ein altes Berufsleiden von mir.«

Sie: »Berufsleiden? Sind Sie etwa vom Film?«

Gattling: »Na ja, wenn Sie so wollen. In einer Phase meines Lebens mußte ich tagein tagaus Leinwandgesichter anstarren.«

Das ist der Augenblick, wo er seine Brille aus der Jacke zerrt, sie sich auf die Nase klemmt, das Mädchen anstarrt und sie dann wieder wegsteckt.

Gattling: »Sie müssen wissen, mir oblag damals die Aufgabe, das optimale Profil zu suchen. Zweihundertfünfzig gerade Nasen. Zweihundertfünfzig Paar leuchtende, strahlende Augen, oh so groß und so feucht. Ich fürchte fast, Sie sind genau der Typ.«

Sie: »Das war wirklich Ihr Job?«

Gattling: »Was meinen Sie?«

Sie: »Ich meine, was war Ihre Aufgabe?«

Gattling: »Ich hatte die Endbeurteilung in meinen Händen und mußte so ein unglückliches Geschöpf in seine verschiedenen Aufgaben einweisen. Sie haben nicht zufällig etwas mit der Schauspielerei zu tun? Ich bin zur Zeit so ein richtiger Bürohengst und frage mich manchmal, ob selbst das Theater nicht vielleicht etwas weniger gräßlich wäre. Ich bin einfach nicht gemacht für einen zehn bis fünf Uhr Job.«

Sie: »Ich muß täglich schon um neun Uhr im Büro sein.«

Das ist für Gattling der Moment, den ersten Gang einzulegen. Er lehnt sich geringfügig vor und gibt sich, obwohl er sie schon die ganze Zeit anstarrt, den Anschein, als sehe er sie erst jetzt im rechten Licht.

Gattling: »Wie... Sie haben einen Job?«

Sie: »Oh, ja.«

Gattling: »Ich meine einen richtigen, menschlichen Job, irgendwelche Dinge verrichten, arbeiten, wie ich selber auch, dieser ganze Routinekram, und nur manchmal ein kleines Erfolgserlebnis? Wie weise von Ihnen, Teil eines Systems zu sein, immer in Kontakt mit Menschen zu sein, Menschen kennenzulernen.«

Sie: »Nun ja, man trifft eine Menge Leute, aber das dürfte Sie nicht sehr interessieren.«

Darauf legt Gattling die Gänge zwei und drei ein.

Leichner-Bilz ging an die zum Park führende Tür und öffnete sie, um etwas Luft hineinzulassen. Dann setzte er seine Vorlesung fort. Grundsätzlich, sagt Potter zur Technik des Anbändelns, sollte ein Mann entweder das eine oder das andere sein, also entweder sehr reich oder sehr arm. Das gilt natürlich auch umgekehrt für anbändelnde Frauen.

Die normale Frau ist entweder immens reich oder bettelarm. Ein normales Einkommen zu haben ist einfach schlechter Stil.

Um beim Mann zu bleiben: Er sollte entweder entwaffnend charmant sein und ein bißchen leichtfertig und extravagant erscheinen, oder sich ganz gemessen bewegen, eine gewisse Festigkeit ausstrahlen, zuverlässig wirken, einfach der Männertyp sein, der auf die »eine Frau« wartet.

Eine Entscheidung kann niemand dem männlichen Anbändler abnehmen: Soll er ihr gegenüber ein bißchen vage bleiben, so daß sie denkt, er ist so hilflos, vielleicht sollte ich die Initiative ergreifen, ohne daß er es merkt; oder soll er die andere Tour fahren: ruhig, bestimmt, präzise, souverän, und damit den Eindruck erwecken, daß ist ein Mann, auf den man sich verlassen kann.

Was das Äußerliche betrifft, so ist es wichtig, sich zu entscheiden, ob man a) attraktiv oder b) häßlich aussehen will. Der häßliche oder halb und halb Typ, der sich bewußt zu seiner Häßlichkeit bekennt – das ist die Wilkes-Methode –, muß ganz bewußt folgenden Erfolgsweg einschlagen: Ich bin zwar der häßlichste Mann weit und breit, könnte aber in einer knappen halben Stunde bei jeder Frau den attraktivsten Mann ausstechen. Damit war Wilkes in den letzten Jahren überaus erfolgreich. Er ließ sich zum Beispiel einem Mädchen vorstellen, starrte dann mürrisch zu Boden und sagte plötzlich: Wilkes: »Tut mir leid, aber mir fällt wieder mal nichts Besonderes ein.«

Sie: »Man muß ja auch nicht dauernd reden.«

Wilkes: »Ich versetze mich gerade in Ihre Situation, während ich versuche, wenn Sie mir das erlauben, Sie nicht anzustarren. Sie besitzen diese wunderbare Schönheit, diese gottgesandte Gabe, durch Ihren bloßen Anblick einen Mann aufzutauen.«

Sie: »Auftauen?«

Wilkes: »Zum Schmelzen zu bringen, den inneren Widerstand zu brechen, die Hemmungen im Inneren eines Mannes abzubauen, besonders eines Mannes mit meinem abstoßenden Äußeren.«

Sie (sieht ihn an): »Aber ich weiß wirklich nicht.«

Wilkes: »Ich weiß genau, was Sie sagen wollen. Sie sind ein gütiger Mensch.«

Sie: »Ich finde, Sie haben irgendwie ein sehr angenehmes Gesicht.«

Leichner-Bilz fuhr in seiner Potter-Lektüre fort: Für Anfänger in der Kunst des Anmachens mag es zunächst kompliziert erscheinen, sich mal so und mal so geben zu müssen, sich ständig zwischen dem intellektuellen Bescheidwisser, dem Naturburschen oder dem unauffällig im Hintergrund Bleibenden entscheiden zu müssen. Potter, sagte Leichner-Bilz mit erhobener Stimme, erwähnt einen gewissen Staines, der eine andere Methode entwickelte, indem er sich nämlich, um das Ganze zu erfassen, auf einen Partikel davon konzentrierte. Seine Masche war es, sich als der perfekte Kavalier mit exquisiten Manieren und äußerster Höflichkeit zu geben. Nur wer ihn näher kannte, wußte, daß Staines in Wirklichkeit träge, unsauber und ohne Manieren war und noch nie einer Dame auch nur die Tür aufgehalten hatte.

Staines hatte sich auf eine in England geradezu exotische, zumindest eindeutig kontinentale Artigkeit spezialisiert: den Handkuß. Er hatte sich viele Filme, vor allem Wiener Provenienz, angesehen, alte Stiche geprüft und sich Gemälde aus der Rokokozeit angesehen. Eines Tages begann er systematisch, das, was er über den Handkuß gelernt hatte, in die Tat umzusetzen. Bei seinen ersten Bemühungen beging er noch den alten Fehler, die potentiell zu küssende Hand an seine Lippen zu reißen, die ihm dabei oft auf halbem Wege entzogen wurde, weil zumindest junge Engländerinnen befürchteten, er wollte ihre Hand verschlucken. Auch einen weiteren Fehler mußte er sich im Laufe der Zeit abgewöhnen: Auf dem Handrücken tatsächlich einen Kuß zu plazieren, statt es bei einer Andeutung zu belassen. Aus Sorge, er könne sich selbst anstecken, begnügte er sich auch manchmal damit, heimlich seine eigene Hand zu küssen. Bis Staines im Handkuß perfekt war, mußte er viel Lehrgeld zahlen, indem er sich zum Beispiel aus Unkenntnis von Wiener Handkuß-Experten dabei erwischen ließ, wie er jedem Teenager die Hand küßte, was ihm einige Male einen peinlichen Lacherfolg eintrug, schlimmer noch, wenn er ihn auch im Freien, etwa auf dem Tennisplatz ausübte, was in jedem besseren Anstandsbuch ausdrücklich untersagt wird. Immerhin hatte er zeitweise mit seiner Handkuß-Offensive gewisse Erfolge, er galt bei einigen Damen als der Gentleman mit kontinentalem Know-how. Potter fand an seiner Methode durchaus Gefallen. Die Schönheit seiner Strategie besteht darin, daß er wegen dieser einen Masche schon als perfekter Gentleman galt und besagte Damen gar nicht auf die Idee kamen, seine Manieren im allgemeinen in Frage zu stellen. Es fiel ihnen gar nicht weiter auf oder störte sie nicht, wenn er sie zwei schwere Taschen tragen und auf diese achtgeben ließ, während er sich selber im Erfrischungsraum eine Tasse Tee genehmigte.

Stephen Potter verdanken wir auch einen Einblick in die »Morton-Methode«. Mortons Trick bestand darin, jedem hübschen Mädchen zu signalisieren, daß ein gewisser Typ von Frauen einfach auf ihn fliegen würde, und ihnen durch die Blume zu verstehen zu geben, daß normalerweise Dutzende an seine Tür hämmerten und Einlaß begehrten.

Um mit dieser Masche Erfolg zu haben, verwandte er unendlich viel Mühe. Wenn er es schließlich schaffte, wahrscheinlich indem er ihr einen tollen Job versprach, ein umwerfend schönes Ding zu bewegen, mit ihm auszugehen, strapazierte er sie in kurzer Zeit zu Tode, indem er sie von einer Bar in die nächste schleifte, in der vagen Hoffnung, dort wenigstens eine Frau zu treffen, der er durch seine Begleitung imponieren könnte und der gegenüber er später behaupten würde, seine Begleitung habe auf einer alten Geburtstagsverabredung mit ihm bestanden.

Auf dem Nachmittagsprogramm stand »Die Intellektuelle und wie man ihre Gunst gewinnt«. Wegen dieses Themas hatte es unter den Feministinnen bei uns rumort. Es war von männlichem Chauvinismus die Rede, und sie beruhigten sich erst wieder, als ihnen von der Leitung der Sonderkurs »Wie man Chauvis auf Null bringt« zugesagt wurde. Der heutige Kurs stand unter Leitung von Felix Rübenach, der folgendes ausführte:

Wir haben das Thema in zwei Teile gegliedert. Zunächst wenden wir uns den Frauen mit geistigen und künstlerischen Ansprüchen zu, vor allem solchen, die mit Banausen verheiratet sind, die sich nur für Fußball oder für die Jagd interessieren. Zu diesem Thema erteilen wir aber lieber einem Fachmann das Wort: Dr. Dr. Schneider-Bunsen. Applaus für Dr. Dr. Schneider-Bunsen bitte!

Schneider-Bunsen sah auf den ersten Blick so aus, als

könne er nicht bis drei zählen, mußte es aber faustdick hinter den Ohren haben, denn anders waren seine sagenhaften Erfolge ausgerechnet bei intellektuell anspruchsvollen Damen, denen er geistig nicht das Wasser reichen konnte, nicht zu erklären. Er erklärte sinngemäß:

Ich tummle mich am liebsten in Museen und Galerien, besuche Vernissagen und sensationelle Retrospektiven großer Meister. Das sind meine liebsten Jagdgründe auf der Suche nach den Objekten meiner Begierden, nämlich den künstlerisch ambitionierten, aber nicht ausreichend informierten Gattinnen von banausenhaften Ehemännern. Während mich das Jagdfieber durch die Säle treibt, gönne ich den ausgestellten Meisterwerken keinen Blick. Das wäre Zeitverschwendung. Endlich habe ich ein präsumptives Opfer erspäht. Sie steht sinnend vor einem Seurat. Vorsicht, vielleicht ist sie in Begleitung eines Kunstfreundes? Nein, die Luft scheint rein zu sein. Also nichts wie ran, bzw. dicht an das Bild treten, um ein Detail zu überprüfen und sich sofort bei ihr dafür entschuldigen, ihr die Sicht verstellt zu haben. Nun vertiefe ich mich in das Bild, andächtig schweigend, murmele höchstens: »Toll, wie er das macht, geradezu teuflisch, ja, das konnte der gute Georges...« »Georges? Ein Verwandter von Ihnen?«

»Mütterlicherseits, um drei Ecken herum.« Ich hole nun eine Lupe heraus, um mir einen Punkt noch genauer anzusehen, halte die Lupe dann ihr hin, wortlos, ohne sie dabei anzublicken, eine selbstverständliche Geste unter Kunstliebhabern. Sie muß die Lupe einfach nehmen und nun ihrerseits durchblicken. Alles andere wäre schlechter Stil. Während ich mich scheinbar weiterhin auf das Bild konzentriere, gehe ich davon aus, daß sie weitere Kommentare von mir erwartet. Ich halte ihr also ein auswendig gelerntes Kolleg über Pointilismus. Vielleicht plappere ich auch nur nach, was ich aus meinem Walkman höre. Während ich sie, dabei leicht an der Schulter führend, einem

Signac oder einem Pissaro zuschiebe, wende ich mich ihr nun zum ersten Mal voll zu:

»Sie haben eine Schwäche für den Pointilismus, für diese unendliche Differenziertheit, ich habe das sofort gespürt. Sie saugen die Farben förmlich in sich ein.«

Sie, geschmeichelt, etwas unsicher: »Ach, meinen Sie wirklich?«

»Doch, doch, das Überfeinerte, fast schon Dekadente, die sinnliche Farbqualität. Sie lieben auch gewiß Ravel, Débussy, L'après-midi d'un Faune?«

»Sind Sie selber Künstler?«

»Oh nein, so würde ich mich selber nicht nennen, sagen wir Lebenskünstler, den schönen Dingen des Lebens zugewandt, Bildern, Frauen... nein, nein, ich bin nur ein liebender Dilettant.« Das sage ich schon von ihr abgewandt, denn ich gehe nun bis fast zur gegenüberliegenden Wand, mache von dort, wie ein Filmkameramann, mit den Händen ein Karo, durch das ich von dort auf das Bild von Seurat starre, dann mache ich ihr ein Zeichen, mir zu folgen, wozu sie sich zögernd entschließt. Bei mir angekommen und meinem Beispiel folgend, belehre ich sie darüber, daß jedes Kunstwerk eine optimale Betrachtungsdistanz hat, die keineswegs identisch sein muß mit der Distanz des Malers zu seinem Bild, sie ist wiederum ganz subjektiv, meine zu diesem Bild beträgt 3,50 Meter. Der nächste Punkt auf meinem Programm: Mein und ihr Lieblingsbild. Ich zeige ihr meinen Klee: »Für mich überhaupt sein bestes Bild, wenn man mal von seinem Bild ›Ganz gefährliches Spiel‹ in Brisbane absieht, das Sie sicher kennen?« Danach sollte man vielleicht zu ein paar Aktbildern übergehen, da böten sich etwa ein Renoir oder auch ein Bonnard an, vor denen man sich gemeinsam über die Fleischtöne begeistern könnte, wobei der Hinweis nicht zu kurz kommen darf, daß das ganz Nackte nie erotisch sei, wohl aber das Verhüllte. Sollten wir dem Museumsführer entnommen haben, daß dieses Museum auch ein paar Cranachs hat, wäre ein Abstecher dorthin empfehlenswert, schon wegen der kleinen Brüste seiner Modelle, auf die man ganz unbefangen hinweisen sollte. Auch darauf, wie wenig prüde jene Epoche war im Vergleich zu späteren. Mit diesen Hinweisen begnüge ich mich zumeist, mehr würde mein Kunstwissen auch total überfordern. Jetzt ist die Zeit für eine kleine Rast in der Cafeteria, in der ich ihr zuraune: »Ich beurteile Museen nach der Qualität ihrer Cafeterien und da wieder nach der ihres Cappuccinos! Am besten schmeckt der in der Royal Academy in London, meinen Sie nicht auch?« Im günstigsten Fall habe ich sie, und das war mein Anliegen, so weit von ihrem Langweiler von Ehemann weggebracht, daß alles andere nur noch eine Sache der Gelegenheit ist. Im Grunde ist sie mir bereits verfallen, weiß es aber noch nicht.

Tagebuch
22. *Juli:* Den heutigen Vormittagkurs leitete wieder Felix Rübenach. Er führte uns zurück zu Potter, der an einer Stelle in »Lifemanship« die Frage aufwirft, wie man Rivalen aus dem Sattel heben kann, also das alte Thema, der Mann, der vor mir da war. Denn es gibt, sagt Potter, oder zumindest es gab einen, den es auszustechen gilt. Dazu ist es unumgänglich, soviel wie möglich über ihn herauszufinden. Dabei sollte uns vor allem seine Identität interessieren.

Der Verliebte oder der Werbende, wenn dieses altmodische Wort noch gestattet ist, muß seinen Rivalen beobachten, seine Gewohnheiten gründlich studieren, ihn notfalls sogar beschatten, vielleicht an seinem Arbeitsplatz diskrete Nachforschungen anstellen. Jedes Detail kann von Bedeutung sein. Wenn er dann endlich über den Rivalen alles Wissenswerte in Erfahrung gebracht hat, kann er sich, mit klarem Verstand und heißem Herzen, daran machen, um die Auserkorene zu werben. Ausschlaggebend für einen Erfolg ist, daß er, was Charakter, Gewohnheiten, Liebhabereien, Geschmacksrichtungen, ja sogar Ticks angeht, das genaue Gegenbild zu seinem Rivalen abgibt.

Mal angenommen, das Hauptinteresse des anderen ist die Geologie. Möglicherweise ist der Werber selber eine Koryphäe auf diesem Gebiet, er hat vielleicht sogar das endgültige Buch über die Flora des oberen Cretacous verfaßt, davon darf er jetzt nicht den geringsten Gebrauch machen. Um es noch einmal zu wiederholen: Er muß in jeder Hinsicht *das Gegenteil* des anderen sein. Der hat sie lange genug mit seinen geologischen Exkursen genervt. In dem Anderen sucht sie eben genau das Andere. Ihr Verehrer muß seine angebliche Unwissenheit zu seinen Gunsten nutzen, wenn sie beispielsweise sagt: »Ich weiß nicht, ob ich je begreifen werde, wie die nördlichen und die südlichen Höhenzüge im Südosten Englands Teil der versteinerten Kammlinie wurden«, muß er antworten: »Ich weiß nicht einmal genau, wo diese Höhenzüge eigentlich liegen.« Sie wird dies schweigend quittieren, und ihr Blick wird um eine Nuance sanfter werden.

Potter beschreibt, wie ein gewisser Wildworthy aus dem Phlegma eines gewissen Cunningham Kapital schlug:

Wildworthy vom Außenhandelsministerium verliebte sich aus der Ferne in Ivy Spring. Cunningham war deren Boyfriend und hatte sie durch totale Gleichgültigkeit gegenüber allem, was sie äußerte oder tat, über die Jahre bei der Stange gehalten. Ob nun Ivy einen neuen Hut trug oder aus einem alten Kleid ein brillantes zweiteiliges Kostüm geschneidert hatte, Cunningham bemerkte den Unterschied überhaupt nicht und begrüßte sie immer im selben Tonfall mit den Worten: »Nun, da sind wir ja wieder.« Ivy war dazu erzogen worden, ihren Mann ›immer in Spannung zu halten‹, damit der sich ihrer nie sicher sein konnte. Darum verdoppelte und verdreifachte sie ihre Bemühungen. Zu einem Date mit

Cunningham erschien sie beispielsweise mit je einem sportlich gekleideten amerikanischen Studenten an jedem Arm, während sie selber einen uniformähnlichen Anzug trug. »Nun, da sind wir also wieder«, sagte Cunningham, der sich verspätet hatte. Diese Tour faszinierte Ivy natürlich, wie sich denken läßt. Mir schien es allerdings ein Spiel mit dem Feuer zu sein. Und als E. D. C. Wildworthy Pläne machte, Ivy von Cunningham loszueisen, war ich sehr gespannt auf den Ausgang. Seine direkte Vorgehensweise war offensichtlich. Die Gefahr bestand darin, daß sie als Masche durchschaubar war, etwa wenn er es sich angelegen sein ließ, jedesmal Notiz davon zu nehmen und es toll zu finden, wenn Ivy sich daran erinnerte, daß sie ihre Armbanduhr aufziehen sollte. Am Ende war er durch einen ganz simplen Trick erfolgreich. Als er eines Abends ein wenig zu früh in ihrer Wohnung erschien, machte er sich, während sie ihn durch die Tür aufforderte, sich einen Drink zu nehmen, daran, das Radio, das auf dem Klavier stand, neben das Klavier zu stellen. Als dann Ivy das Zimmer betrat, sagte er: »Was für eine glänzende Idee, das so zu verändern. Dadurch kommt die Fallinie des Raumes *viel* besser zur Geltung. Du hättest Innendekorateurin werden sollen.« Ivy konnte sich nicht daran erinnern, Hand an das Radio gelegt zu haben, außer vielleicht im Schlaf, ließ sich aber überhaupt keine Überraschung anmerken, sondern schob diesen Einfall von ihr mehr dem Glück als ihrem ästhetischen Blick zu. Aber eins wußte sie nun: Das ist der richtige Mann fürs Leben!«

Nach einer kurzen Teepause gab Knut v. Esstrich, der im Schloß den Ruf eines Ladykillers genießt, ein kurzes Gastspiel. Obwohl rein äußerlich nicht sehr attraktiv, erfreut er sich dieses Rufes. Böswillige behaupten sogar völlig grundlos, er sei schon von Knabenbeinen an impotent gewesen und habe es nicht einmal bis zur Selbstbefriedigung gebracht. Für unseren Kurs hatte er ein kurzes Statement verfaßt:

»Am leichtesten war und ist es immer noch, Frauen über die Musik für sich zu gewinnen, ja, sogar hörig zu machen. Die Erfolge der Dirigenten, Tenöre und Solisten sprechen da ihre eigene Sprache. Aufgrund meiner einschlägigen Erfahrungen würde ich aus dem Handgelenk dazu raten, der Rat gilt natürlich für beide Geschlechter, niemals mehr ohne Walkman aus dem Haus zu gehen, vielleicht mit dem Brahmsquintett aus dem Film *Monsieur Hire* auf Kassette, einer sehr erotisierenden Musik. Es kann sich immer einmal die Gelegenheit bieten, den Walkman einer begehrenswerten fremden Person anderen Geschlechts auszuleihen. Das aber nur am Rande. Im allgemeinen gehe ich bei meinem Feldzug zur Eroberung kunst- und musikbeflissener Frauen weniger von Brahms, sondern von Wagner und Mahler aus. Ich sitze meist im Rang, von wo ich eine angenehme Beobachtungsposition habe. Mit meinem Glas suche ich die Reihen nach lohnenswerten Opfern ab. Vorzugsweise sind es Damen der besseren Gesellschaft, deren Gatten den verzweifelten Bemühungen ihrer Gattinnen, sie durch Knüffe und Püffe aufzuwecken, tapfer widerstehen. Das ist meine Chance. In der Pause schlängele ich mich, nicht ohne brutale Gewalt anzuwenden, durch das Publikum, in der Hoffnung, daß sie ihren schlaftrunkenen Begleiter inzwischen ins Bett geschickt hat. Ihr Anblick zeigt mir: Sie ist noch ganz aufgewühlt von Mahlers (oder Wagners) Musik und braucht unbedingt ein bißchen Zuwendung und Ansprache. Ich nähere mich ihr zögernd in ehrerbietiger Haltung, und es müßte jetzt wirklich mit dem Teufel zugehen, wenn das nicht die Chance wäre.«

Unser Referent machte eine kurze Erfrischungspause und fuhr folgendermaßen fort: »Wir kommen jetzt zur Oper, dem idealen Anbändelungsort. Hier muß ich mich auf die Erfahrungen eines Kollegen namens Wenkdorf stützen, der sich besonders auf Opern wie *Tristan und*

Isolde und *Carmen* spezialisiert hatte. Wenkdorf ist, das braucht wohl in diesem Kreis nicht eigens betont zu werden, ganz unmusikalisch. Er hat sich aber aus den Musikkritiken ein paar Floskeln gemerkt, die er geschickt im richtigen Moment einsetzt und sich damit das Flair eines Musikkenners gibt. Wenn es ihm gelingt, etwa in der Pause den freigewordenen Platz neben einer hinreißenden Opernfreundin zu ergattern, wird er es nie versäumen, ihr ins Ohr zu flüstern, daß dieser Tenor in den hohen Lagen etwas verwaschen singt, oder er wird dem Dirigenten nachsagen, daß seine Tempi sehr von denen Toscaninis abweichen und einfach zu schleppend sind. Aber selbst ein Könner wie Wenkdorf muß manchmal Rückschläge einstecken. ›Er hätte die Bläser im Tutti zurücknehmen sollen‹, vertraute er einmal einer sehr reizvollen Nachbarin an. Die erwiderte nur kühl und ein wenig spitz: ›Es steht aber so in der Partitur, falls Sie Partituren lesen können‹ und zeigte ihm bis zum Ende des Konzerts die kalte Schulter. Durch einen Zufall erfuhr Wenkdorf später, daß sie Orchestermusikerin war und diese Stelle wohl dutzende von Malen selber gespielt hatte.«

Unser Seminarleiter Felix Rübenach fand es an der Zeit, gewisse Schlußfolgerungen zu ziehen: Dieses Beispiel zeigt uns, daß Männer Frauen nicht mehr, wie zu Potters Zeiten, für dumm verkaufen dürfen. Intellektuelle Frauen durchschauen den Bluff-Typ, den es natürlich in unseren Reihen leider immer wieder gibt, sofort. Aus vielen Erfahrungsberichten wissen wir, wie hochgradig gefährlich es ist, Frauen mit Baudrillard und seiner Simulationstheorie imponieren zu wollen, oder mit Namen wie Lacan, Derrida oder Paul de Man um sich zu werfen. Auch im Umgang mit der Postmoderne sei zur Vorsicht geraten. Ein Blick zu unseren zufrieden lächelnden Kursteilnehmerinnen zeigte, daß er damit ins Schwarze getroffen hatte. Felix Rübenach blieb beim Thema. Irma wird uns jetzt verraten, wie man ohne jedes Blablabla eine intellektuelle Frau anmachen kann. Irma schickte vorweg, daß ihr das Thema nicht gefiele, zeigte sich dann aber bereit, ein wenig aus dem Nähkästchen zu plaudern:

»Es ist unter uns Frauen kein Geheimnis geblieben, daß gewisse Typen nach dem Klöstel-Winks-Rezept arbeiten. Was darf man unter diesem Prinzip verstehen? Klöstel und Winks, zwei altgediente Mitarbeiter dieses Instituts, hatten einen Schlachtplan entworfen, wie man besagte Karrierefrauen weichklopfen kann, und das ist ihnen auch nicht selten gelungen. Wie kamen nun diese Kolleginnen zu Fall?

Beispiel 1: Regine, eine Chemikerin von hohem Ansehen, viel auf Vortragsreisen, wurde das bedauernswerte Opfer einer ausgeklügelten Fleurop-Rosenstrauch-Kampagne. Wo auch immer sie sich gerade befand, meist waren es Kongresse, erwartete sie ein Blumenstrauß mit dem Initial eines der beiden. Manchmal fand sie auch keine Blumen vor, dann vermißte sie sie schon. Dieser geradezu altkavaliersmäßigen Kampagne ist sie schließlich erlegen und war sogar eine Weile ganz glücklich mit diesem Typen, soweit man mit Männern überhaupt glücklich sein kann.«

Irma sah uns Männer herausfordernd an und fuhr dann fort:

»Beispiel 2: Waltraud. Sie wurde von Winks ins Visier genommen, der ganz perfide auf ihr herumspielte wie auf einem Klavier, alle Register zog, um bei ihr die verdrängte weibliche, vor allem sexuelle Seite herauszukitzeln. Waltraud war im Management einer großen Verlagsgruppe und weiter auf dem Weg nach oben. Natürlich versuchten die lieben männlichen Kollegen ihr, wo es nur ging, Knüppel zwischen die Beine zu werfen. Sie haßte schließlich alle Männer, bis der eine kam, dieser Wink eben, der so ganz anders war, ein Flaneur, der unendlich viel Zeit zu haben schien, der nichts von ihr verlangte, als sie verwöhnen zu dürfen, der nur darauf aus zu sein schien, ihr Komplimente zu machen, Parfüm und Schmuck zu schenken, ihr schöne Geschenke von Reisen mitzubringen... na ja, gestern bekam ich von beiden eine Karte aus Rio, sie scheinen sehr happy zu sein.

Beispiel 3: Doris. Doris, die renommierte Chefredakteurin eines Wirtschaftsblattes. Bei ihr spielte Klöstel den Naturfreund. Er verführte sie zu ausgedehnten Waldspaziergängen, machte mit ihr Atemübungen in ›Gottes herrlicher Natur‹, belaberte sie mit Fragen nach dem Sinn des Lebens, sprach voller Verachtung von den Entartungen der modernen Zivilisation, von Menschen, die nur ihre Karriere im Auge haben und an ihrer Seele Schaden nehmen, was vor allem für die Frauen gelte, die ihrer ganzen Weiblichkeit entraten. Dabei spürte er nicht ohne Genugtuung, wie Doris immer stiller und nachdenklicher wurde, wie es in ihr arbeitete, na ja, und das Ende vom Lied? Sie gab ihren hochgezahlten Job auf und wurde an seiner Seite zum braven Hausmütterchen. Eines Tages wurde sie von diesem Frauenverderber verlassen und stand arbeitslos auf der Straße.«

Pottern für Schriftsteller

Tagebuch
28. Juli: Der Kurs wurde von Frau Schnaller-Buhns geleitet. Wir sind zu acht, außer mir nehmen daran Florestan, Heidi, Gudrun, Axel, Baldur, Hortense und Bernie teil. Frau Schnaller-Buhns wies eingangs darauf hin, daß Potter diesem Thema ein eigenes Kapitel gewidmet habe, was nicht Wunder nimmt, weil gerade in diesem Gewerbe dauernd mit Tricks und Maschen gearbeitet wird. Schließlich fühlen sich fast alle Menschen als verhinderte Schriftsteller und müssen immer wieder Gründe, auch sich selbst gegenüber, finden, warum sie der Welt ein literarisches Werk vorenthalten haben und warum sie um den Genuß eines Meisterwerks gekommen ist. Das geht ohne die Anwendung Potterscher Prinzipien gar nicht ab. Schnaller-

Buhns fragte uns: »Welche Argumente bieten sich geradezu an?«

Florestan: »Ich liege mit meinen Texten einfach nicht im Trend, meine Zeit kommt erst, wenn ich tot bin. Solange muß ich mich in Geduld üben.«

Heidi: »Für meine sublimen, esoterischen Gedichte gibt es heutzutage keine Verleger mehr, vielleicht auch im Fernsehzeitalter keinen Bedarf.«

Gudrun: »Ich schreibe nun mal keine Bestseller, meine Dichtungen sind nicht für den Massenkonsum bestimmt. Ich trage sie meist nur im Kreise meiner Familie vor, auch mal Freunden, ihr Beifall genügt mir.«

Baldur: »Es liegt an diesen total verblödeten Lektoren, daß mein Roman von siebzehn Verlagen abgewiesen wurde. Nicht einer hat seine Qualitäten erkannt.«

Axel: »Ja, wenn man Müller heißt und keinen Namen hat, hat man keine Chance.«

Hortense: »Gut macht sich auch: Alle meine Freunde, die meine Ansichtskarten kennen, sagen, ich habe ein großes Talent zum Schreiben. Ich müßte nur endlich mal anfangen. Mein Leben liest sich wie ein Roman, aber ich glaube, ich bin noch nicht soweit.«

Frau Schaller-Buhns lächelte zufrieden über unsere Beiträge. »Wir wollen heute mal einen typischen Fall herausgreifen: Der Autor und seine Attitüde. Ich habe sie alle gebeten, sich ein paar typische Fälle auszudenken und uns vorzustellen. Bernie?«

»Mein Fall ist der einsame, nur seinem Werk dienende Dichter, fast unauffindbar für interviewsüchtige Reporter, die von ihm kein Interview bekommen, nicht ums Verrekken. Es gibt auch kaum Fotos, schon gar keine neueren von ihm. Er ist eben sehr scheu, meidet die Öffentlichkeit mit ihrem schalen Geschwätz, ihrer hektischen Betriebsamkeit. Natürlich nimmt er auch keine Literaturpreise an, bestenfalls nimmt er sie zwar an, überläßt es aber seinem Verleger, sie in Empfang zu nehmen. Er spielt die Rolle des großen Einsamen, der schnurgerade, unbeirrbar seinen

Weg geht. Die wenigen, denen er Zutritt zu seiner Höhle gewährt, man könnte sie auch Elfenbeinturm nennen, sagen, daß er privat ganz umgänglich ist, nur ganz wild wird, wenn ihn jemand nach neuen literarischen Projekten befragt. Als einer mal eine Kamera zückte, um ihn und seine Behausung zu fotografieren, hat er, der Scheue, ihn fast aus dem Haus geprügelt. In der Öffentlichkeit läßt er sich kaum blicken, immer in Sorge, er könnte von Autogrammjägern erkannt und gejagt werden. Einwände von Freunden, diese Gefahr bestünde wohl in seinem Supermarkt um die Ecke nur begrenzt, verfangen bei ihm nicht.«

Axel: »Mein Autor heißt Sebastian Bödner. Er kommt aus dem Volk, will im Volk bleiben, schreibt für das Volk. Die Auflage seiner Bücher schwankt zwischen 15.000 und 25.000. Bödner hat sich für die Rolle des Dichters als Bauer entschieden. Er lebt in Stadtbahnentfernung einer Großstadt in einem Auftragsgehöft, dem man es nicht unbedingt ansieht, daß es mit allem raffiniertem Komfort ausgestattet ist. Das Haus besitzt ein Warnsystem, das jede feindliche Annäherung, wenn es nicht gerade der Postbote ist, sofort meldet. Dann wirft sich Bödner in seinen russischen Muschik-Kittel und empfängt seine Gäste in Holzpantinen. An seinen Unterarmen kleben noch Erdreste von der schweren Landarbeit, die allerdings von einem Pächter verrichtet wird, was niemand wissen darf. Wer zur Mahlzeit eingeladen ist, muß mit einfacher, selbstgezogener Kost rechnen, worauf unser Dichterbauer, dessen Romane das einfache Landleben zum Thema haben, sehr stolz ist. Am Nachmittag führt er seine Gäste über seine Äcker, manchmal bückt er sich, um festzustellen, wie es um die Saat bestellt ist, dann entdeckt er Schädlinge, die er eigenhändig beseitigt. Manchmal kehrt er auch mit seinen schweren, nun lehmbekleckerten Stiefeln im ›Dorfkrug‹ ein und plaudert mit den Bauern im einheimischen Dialekt, was das Zeug hält. Da geht es nur um die Landwirtschaft, nie um Literatur. Er ist dann einer von ihnen, kein

Asphaltliterat, wie er die Kollegen in der Stadt nennt. Für die Magazine ist er ein gefundenes Fressen. Sie zeigen ihn gerne, wie er da in seinen Feldern steht, oder auch mal auf einem Jauchewagen sitzend.«

Schnaller-Buhns schlug die »Bibel« auf. Wollen doch mal sehen, wie unser Lehrmeister diesen Typ sieht, aha, Seite hunderteinundzwanzig haben wir sein Porträt. Potter nennt ihn Workman. Er lebt unter ähnlichen Umständen wie der von Bernie beschriebene Bödner:

Am Morgen trug er ein offenes Flanellhemd, auf seinen Gängen über Land folgte ihm stets ein großer Schäferhund auf den Fersen (dabei konnte er Hunde nicht ausstehen und hatte keine Ahnung von Schafen). Regelmäßig auf seinen Gängen hielt er Einkehr im örtlichen Pub und spielte, wenn auch reichlich schlecht, mit den Bauern Dart. Eine Illustrierte zeigte ihn auf der altehrwürdigen Kegelbahn mit der Unterschrift: Workman schiebt eine flotte Kugel. Um noch mehr einem Bauerndichter zu gleichen, hatte er sich einen Feldstuhl in eine zwar unbequeme, aber geschützte Ecke stellen lassen, um sich dadurch während des Schreibens einen sonnengegerbten Teint zuzulegen.
Bedauerlicherweise bräunte er nur sehr langsam und wurde nur fleckig. Seine Alltagssprache war ziemlich ordinär und zwar gegenüber jedermann. Seine bevorzugten Gesprächspartner waren Penner, Landstreicher, Dorfdeppen, Zigeuner und notorische Dorfexhibitionisten. Seine Sprache war so derb, daß er von ihnen kaum verstanden wurde. Derselben Sprache bediente er sich sowohl dem Schulleiter gegenüber als auch der Gräfin. Er ließ kein Spiel des örtlichen Fußballvereins aus und war berüchtigt wegen der Lautstärke, mit der er ›Schiedsrichter ans Telefon‹ oder ›an den Galgen‹ brüllte, wobei Schimpfwörter wie »Kretin« oder »fette Sau« noch zu den mildesten gehörten. Stellte ihm jemand eine literarische Frage, etwa nach der Bedeutung

eines Wortes oder nach der Stellung einer Präposition, dann begann er sich hinter den Ohren zu kratzen und so normal wie jeder andere auch zu antworten: ›Verdammt nochmal, was mag wohl die korrekte Antwort sein?‹ Gelegentlich würde er im örtlichen Pub an einem Samtagabend mit einem städtisch gekleideten typischen Geschäftsmann auftauchen und durchblicken lassen, daß es sich um seinen Agenten handelte, der für ihn sehr wichtig sei, denn von Gelddingen habe er keine Ahnung, dafür sei dieses Finanzgenie an seiner Seite zuständig. In Wirklichkeit war alles ganz anders. Man mußte mit diesem Menschen tiefes Bedauern haben, der gekommen war, um mit Workman über die Filmrechte an einem seiner Romane zu verhandeln. Strapaziöse Verhandlungen, bei denen Workman ihn ganz mächtig übers Ohr hauen würde. Denn obwohl Workman nicht schreiben konnte, so konnte er doch fabelhaft mit Geld umgehen und war bekannt für seine geschäftliche Raffinesse. Er war seit fünfundzwanzig Jahren mit ungeheurem Erfolg sein eigener Agent, was branchenbekannt war. Ungefähr Mitte August, wenn sich seine rötliche Hautfarbe bräunlich verfärbte, würde er damit beginnen, sich über die endlose Schwerarbeit des bäuerlichen Lebens zu beklagen. Workman besaß drei Äcker von je tausend Hektar, jeder von ihnen wurde von einem erstklassigen Verwalter versorgt und von einem großen Stab in Ordnung gehalten, den er jeden Samstag um sich zu versammeln pflegte. Workman hatte noch nie eine Zeile von Milton gelesen, was er einen nicht vergessen ließ, aber er pflegte den »Landboten« von der ersten bis zur letzten Seite zu studieren. Natürlich hat jeder Bauerndichter seine eigene Methode und unsere Lifemen müssen ihm nicht in jedem Detail nacheifern. Den *Landboten* herumliegen zu lassen ist genau so gut wie den *Bauernfreund*.

Autor und Kritiker

Frau Schnaller-Buhns sah von ihrer Lektüre auf. Potter hat sich besonders intensiv mit dem Problem Autor und Kritiker beschäftigt. Wenn wir seine Gedanken dazu studieren, so ergeben sich zwei Klassen von Kritikern: der Boulevardkritiker und der Times-Kritiker, d. h., übertragen auf unsere Verhältnisse, der FAZ-Kritiker. Ersterer kann zwar nicht schreiben, ist aber wahrscheinlich ein ausgezeichneter Journalist. Dieser Typ hat nur die Wahl, das Buch, das er besprechen muß, entweder über den grünen Klee zu loben oder in Grund und Boden zu verreißen. Wie er sich entscheidet, hängt von seiner letzten Besprechung ab. Er darf nie zwei Stücke oder Filme hintereinander loben oder verreißen, das könnte unangenehm auffallen. Der Times/FAZ-Kritiker enthält sich jedes eindeutigen Pro- oder Contra-Urteils. Solche Kritiken sind zwar schwerer zu schreiben, aber unumgänglich, denn mit jedem eindeutigen Urteil schadet man seinem Ruf. Der Times/FAZ-Kritiker muß dem Autor, den er kritisiert, immer überlegen sein. Dazu Potter:

> Hope-Tipping aus Buttermere zum Beispiel hatte seit seiner Schulzeit kein Buch mehr in die Hand genommen, noch weniger je ein originelles Urteil formuliert, aber er hatte seine besondere Art, mit dem Problem fertig zu werden. Er überflog einige Kritiken, pickte sich die Qualitäten, die den Ruf des Autors begründeten, heraus und warf ihm dann vor, daß er in seinem neuen Buch seinem Ruf leider nicht gerecht geworden sei. Hope-Tipping machte sich um 1930 einen Namen, als er die Behauptung wagte, was den Romanen von D. H. Lawrence fehle, wäre das Bewußtsein einer sexuellen Beziehung, das männliche und weibliche Element im Leben.

Fassen Sie Hope-Tippings Blickwinkel ins Auge, sprechen Sie von dem offenen Sadismus eines Charles Lamb, über das Barocke in der Prosa von Lytton, äußern Sie sich zu der tiefen Oberflächlichkeit von Catullus, aber lassen Sie sich nie auch nur andeutungsweise bei einem Klischee in Ihrem Urteil erwischen, wie besagter Hope-Tipping. Vergessen Sie nie, daß es nicht dem Niveau von Times / FAZ entspricht, auch nur andeutungsweise zuzugeben, daß es eine Periode in der französischen Literatur geben könnte, in der Sie nicht zuhause sind. K. Digg wurde aus der Gilde der Chefkritiker verstoßen, weil er so unvorsichtig war einzuräumen, er habe noch nie eine Zeile von Rimbaud gelesen.

Von dem berühmten englischen Autor Betjeman stammt der Ratschlag, jede Attacke auf einen Autor in einem freundlichen Ton zu halten, doch sollte streng darauf geachtet werden, Adjektive oder Wendungen zu gebrauchen, die der Verlag für seinen Waschzettel verwenden könnte. Für den Klappentext unbrauchbar sind lobende Adjektive wie inhaltsreich (m. a. W.: oberflächlich), ansprechend gedruckt (d. h. schlecht geschrieben) oder die Illustrationen sind hervorragend (also langweilig). Nützliche Bezeichnungen für freundliche Attacken sind zum Beispiel *bewußt*, *interessant*, *geschmackvoll*, *aufmerksam*, *bedauerlicherweise*. Wirkungsvolle Angriffsmethoden, die sich immer wieder bewähren:
a) Aus einem Buch zitieren, daß nur Sie gelesen haben können.
b) Darauf hinweisen, daß Sie in einem Institut arbeiten, wo das abgehandelte Problem täglich diskutiert wird, weswegen sie zwangsläufig besser mit der Materie vertraut sind als der Autor.
c) Der Anfang »Mit dem Thema vertraute Studenten werden vielleicht verwirrt sein zu lesen, daß...«
d) Der Satz: »Sollte es zu einer 2. Auflage kommen, sollte man die vielen Druckfehler vermeiden«.

Für den Fall, daß der zu besprechende Autor irgendwann mal für Sie nützlich werden könnte, erscheint es ratsam, eine gezeichnete und günstige Besprechung zu veröffentlichen und das Buch in einer anderen Besprechung anonym zu verreißen.

Kommen wir noch einmal zurück auf die enorme Bedeutung der französischen Literatur, vor allem der modernen. Gewiß, der erwähnte K. Digg machte sich ein bißchen lächerlich mit seinem Rimbaud-Eingeständnis, aber er verdient unseren Respekt für die Beharrlichkeit, mit der er seine Rehabilitierung erzwang, indem er nämlich keine Gelegenheit ausließ, auf die französische Literatur Bezug zu nehmen, nicht ohne dabei einen nostalgischen Ton anzuschlagen.

Musik

Tagebuch

12. August: Ich schwänzte heute den Musik-Kurs und zog es vor, die Anweisungen direkt »from the horses mouth«, also vom Meister persönlich zu beziehen. Ich zitiere:

Das allgemeine Ziel ist, selbst zu den Eingeweihten zu gehören, die anderen aber deutlich spüren zu lassen, daß sie nicht dazugehören. Wie stellt man das an? Machen Sie kein allzu tiefgründiges Gesicht, wenn Musik gespielt wird, im Gegenteil, geben sie sich eher heiter, wenn es darum geht, Urteile zu fällen. Sagen Sie etwa »ganz netter Ohrwurm, nicht wahr?« (klingt wie: »Könnte direkt ein moderner Schlager sein, nicht?«) und brüllen Sie das mit einer *brüchigen,* völlig *unmelodischen* Stimme. Fügen Sie hinzu: »Der olle Ludwig will uns suggerieren, daß dieses Thema die galoppierenden Hufe der apokalyptischen Reiter darstellt. Also, wenn Sie mich fragen, dann ist das nicht mehr und nicht weniger als eine schöne Melodie.«

Vorschläge zum Thema Dirigenten und Lifemanship laufen bei uns unablässig ein. Dazu ein Beispiel. Ein Dirigent namens W. Goehr wurde in den Norden Englands berufen, um das Pennine Northern Orchester zu leiten, das in den vergangenen zwölf Jahren gut damit zurechtgekommen war, bei seinen Einsätzen auf den ersten Geiger zu achten und sich den Teufel um den jeweiligen Gast-Dirigenten zu scheren. An Goehr sollte das Orchester jedoch seinen Bezwinger finden, und zwar auf eine geradezu brillante Weise. Es ging um ein Werk von Mahler. In der Nacht vor der ersten Probe änderte er in einer Fortissimopassage ein B in ein H beim Kontrabass. Als diese Passage in der Probe gespielt wurde, winkte er abrupt ab. »Hier spielt jemand H statt B.« Aus der stürmischen Debatte, die sich daraus ergab, ging Goehr natürlich als Sieger hervor, und wenn die Musiker des Pennine Orchesters es sich auch nicht anmerken ließen, so schienen sie ihm doch grollend Respekt zu zollen.

Schauspieler

Am nachmittäglichen Kurs: Schauspielerei (Bühne, Film, Fernsehen), unter Leitung von Freddy Kunz, nahm ich dann wieder teil. Als Gast war Götz-Schnaufer zugegen, der selber Schauspieler und auch noch Sekretär der Schauspieler-Gewerkschaft ist. Er ist aber im Schloß vor allem als Erfinder der Götz-Schnaufer-Masche bekannt. Er setzte sich in Positur und erläuterte sie uns so:

»1. Wenn ein junger Schauspieler droht, zum Rivalen zu werden und auf einer Probe ›seinem Affen Zucker gibt‹,

also kräftig draufdrückt, sollte man durch ein Lob wie folgendes ermuntern: ›So gut hast du diese Szene noch nie
gespielt.‹ Dann sind die Chancen, daß er beim nächsten
Mal noch mehr auf die Tube drückt und sich dadurch um
Kopf und Kragen spielt, enorm.

2. Das V-förmige Lächeln für Mitspieler, die recht gut
drauf sind. Stehen Sie in der Kulisse und spenden Sie ihm
lautlosen Beifall, als wollten Sie ihn ermutigen.

3. Wenn ein Schauspieler zu Ihrer großen Enttäuschung
eine größere Rolle bekommt als Sie, die Sie glühend gerne
gespielt hätten, dann nehmen Sie am Beginn der zweiten
Probenwoche die Gelegenheit wahr, ihm ruhig und mit-
fühlend zu versichern, ›Mensch, in deiner Haut möchte ich
wirklich nicht stecken!‹«

Premieren und Vernissagen

Götz-Schnaufer kam dann auf brisante Probleme zu sprechen. »Wenn man das Glück oder Pech hat, einen Freund
(oder eine Freundin) zu haben, der Autor, Maler oder Fil-
memacher (oder -in) ist, und man bekommt Freikarten für
die Premiere, wie reagieren wir bei einem unverdient großen Erfolg? Oder dem Gegenteil? Natürlich kann man
schon mal guten Gewissens die Premiere vermeiden mit
der glaubwürdigen Behauptung, man ziehe den Besuch
einer späteren Aufführung ohne Premierennervosität vor.
Läßt der befreundete Autor nicht locker, so daß schon beinahe die Freundschaft auf dem Spiel steht, und bleibt
einem nichts anderes übrig, als die Premiere zu besuchen,
kann einem das Pech blühen, daß man genau im Blickwinkel seiner Gattin, gegebenenfalls weiterer Familienmit-
glieder zu sitzen kommt, die einem dauernd auf die Finger
sehen, wenn sich der Zwischen-, Pausen- und Schlußbei-

fall in Grenzen hält, denn gerade dann ist Nibelungentreue gefordert. Um zumindest optisch eine gewisse Freundestreue unter Beweis zu stellen, kann man seine Hände lautlos gemessen gegeneinander bewegen, vielleicht auch der Gattin nebst Anhang bedeutungsschwer zunicken, und sich dann, um die Premierenfeier zu vermeiden, sofort von der Garderobe weg aus dem Staube machen. Als Entschuldigung gilt, man sei einfach zu erschüttert, geradezu wie gelähmt gewesen. Das sollte man dem Autor später schriftlich mitteilen. Es kann aber passieren, daß der Autor mit Hilfe seiner Familie alle Ausgänge besetzt hält, man ihm also wie bei einer Treibjagd förmlich in die Arme getrieben wird und ihm nebst getreuer Dichtergattin plötzlich Aug in Aug gegenübersteht. Dann bieten sich folgende Möglichkeiten:

a) Das Ereignis überhaupt nicht erwähnen, einfach ignorieren, vor allem aber die gierig-fragenden Blicke der Dichtergattin.

b) Alle äußeren Zutaten – Regie, Darsteller, Dekoration, Kostüme und Beleuchtung – erwähnen, nur das Stück selber nicht.

c) Zum Stück selber lobend erwähnen, wie gut der Autor und Freund große Vorbilder – von Shakespeare über Lopez de Vega zu Anzengruber – verarbeitet und zu etwas ganz Neuem umgestaltet hat.

d) Dem Freund fassungslos in die Augen starren und immer nur ›du... du... du...‹ stammeln. Dabei schüttelt man ihm ausgiebig die Hände wie bei einem Trauerfall.

e) Oder sagen: ›Das ist also mal wirklich ein starkes Stück‹, bzw. ›Das ist mal wieder richtiges Theater‹, oder: ›Endlich gibt einer dem Theater, was des Theaters ist‹ oder, bei todernsten Anliegen: ›Mit diesem Stück wirst du dir eine goldene Nase verdienen.‹ Oder: ›Ein Stück, so ganz nach dem Herzen der Schauspieler.‹ Oder: ›Also mal ganz ehrlich, das hätte ich dir wirklich nicht zugetraut.‹«

Doris meldete sich: »Kann man ihm auch die Wahrheit über sein verdammtes Stück sagen?«

»Besten Dank für den Hinweis. Ja, aber etwa so verklau-
suliert, im Sinne von, man fühle sich verpflichtet, ihm die
Augen zu öffnen. An seinem Stück müsse noch einiges
getan werden. Nach der Pause lasse es doch schwer nach.
Einige größere Striche, sie machen etwa die Hälfte des ganzen Stückes aus, erscheinen unumgänglich, die Figur des
Trödlers könne glatt wegfallen. Man kann ihm das so offen
sagen, weil er Kritik gut vertragen könne, es sei ja nur zu
seinem Besten, die anderen meinen es ja nicht ehrlich mit
ihm. Das sei man ihm als Freund einfach schuldig.«

Tagebuch
17. August: Wir blieben beim Thema Schriftsteller, im
weitesten Sinne, Intellektuelle. Die Frage stand im Raum:
Darf ein Autor, der sich zu den Stars der literarischen
Szene rechnen darf, an Treffen, Tagungen, wo sich Kollegen versammeln, teilnehmen, ohne einen Image-Verlust
befürchten zu müssen? Die Antwort ist nein. Er darf aber
ab und zu – zwischen zwei Interviews und drei Lesungen
im örtlichen Hörfunkstudio – hereinschauen, sich kurz
flüsternd darüber informieren, um was es da geht, und
dann höchst unauffällig-auffällig wieder verschwinden.
Überhaupt bekommen ihn die anderen ja nur zu Gesicht,
weil er gerade zufällig in dieser Gegend weilt. Er kann auch
nicht lange bleiben, denn er muß ja morgen schon für
»Goethe« nach Indonesien. Es steht ihm auch frei, fünf
Minuten vor Tagungsschluß zu erscheinen, aber nur um
den chilenischen Weltautor, seinen lieben Freund, abzuholen. Bescheiden und ganz isoliert wartet er auf den
Freund im Hintergrund. Dabei stellt er befriedigt fest,
daß so gut wie keine Prominenten unter den Tagungsteil-
nehmern sind, er wäre der einzige gewesen. Diesem un-
würdigen Schicksal ist er entronnen. Etwas anderes ist
die Situation, wenn er sozusagen ehrenhalber zu einer
Podiumsdiskussion eingeladen ist oder zu einem wegwei-
senden Vortrag. Dann reist er zwar auch hinterher ab, hat
aber wenigstens eine deutliche Spur hinterlassen.

Bei dem Thema ›Der Intellektuelle und seine Protest-unterschrift‹ kam Kursleiter Freddy Kunz gleich zur Sache: »Jeder Intellektuelle, der etwas auf sich hält, wird erst mal darauf achten, daß er zu den Erstunterzeichnern gehört. Dort will er sich aber in bester Gesellschaft befinden. Sie sollen nicht viel weniger prominent, aber auch nicht zu prominent sein. Wenn nicht mindestens drei gleichrangige Prominente auf der Liste stehen, sollte man seine Unterschrift verweigern. Es empfiehlt sich ganz allgemein, es bei zwei Unterschriften im Jahr gegen die Unterdrückung und Folter auf der Insel Timor und gegen die schändliche Behandlung eines Kollegen in Abchasien zu belassen.

Nächster Punkt: Protest-Austritt.

Hier kommen Akademien, Verbände, Gewerkschaften, Parteien in Frage. Vorbedingung: Sich vergewissern, ob man überhaupt Mitglied ist und nicht etwa wegen Beitragsrückstand ausgeschlossen worden ist. Rück- oder Austritte, die der dpa nicht eine Meldung wert sind, kann man vernachlässigen. Am spektakulärsten macht sich gewöhnlich ein Rück- oder Austritt, der mit einem Offenen Brief verbunden ist.

Verweigerung von Preisen und Orden.

Den Nobelpreis für Literatur zu verweigern, ist seit Sartres Ablehnung nicht mehr möglich und würde nur als billige Imitation angesehen werden. Den Preis zwar annehmen, sich der feierlichen Übergabe aber entziehen, hat sich durch das Beispiel Botho Strauß erledigt. Im Idealfall sollte man den Preis zurückweisen, das Preisgeld aber kassieren und es dann, zum Ärger von Kollegen, einem guten Zweck spenden, den Leprakranken etwa. Erwähnenswert ist noch das Beispiel des Filmemachers, der einen lukrativen Preis aus der Hand eines ihm verhaßten Politikers – es war Franz Josef Strauß – entgegennahm, aber unter Protest und nur, weil er das Preisgeld zur Vollendung eines politisch wichtigen Films dringend benötigte.«

One-Upmanship

Auch Ärzte pottern
oder: Kann man überhaupt
zurückpottern?

Tagebuch
6. August: Es ist sehr erfrischend, zu den Quellen zurückzukehren, in unserem Falle: zum Altmeister selber. Von
ihm können wir alle immer wieder dazulernen, zum Beispiel, wie man als Patient Ärzte behandelt, bzw. wie man
sich von ihnen nicht behandeln lassen sollte. Dieser für ihn
entscheidende Teil seiner Lehre steht am Anfang seines
Werkes »One-Upmanship«, womit ich mir zugleich erlau-
be, darauf hinzuweisen, daß ich vom Chef des Hauses persönlich in dieses Seminar versetzt wurde. Wir lesen bei Potter über einen Zehn-Tage-Kurs für junge Ärzte folgendes:

> Die normale Gesundheit ist sehr störanfällig. Mit der
> beruhigenden Versicherung »Es ist doch nur ein kleiner
> Kratzer« zu einem plärrenden Winzling fängt alles im
> Leben an und dessen Antwort »Tut aber schrecklich
> weh!« ist der erste Gegenzug. Im späteren Leben stellt
> man bald fest, daß eine leichte Behinderung, geschickt
> ins Spiel gebracht, durchaus von Vorteil sein kann, be-
> sonders dort, wo es darum geht, dem Ruf, ein Genie zu
> sein, zu entsprechen. Zu Lehrzwecken werden wir das
> gebieterische Stottern, das Aufmerksamkeit erhei-
> schende Zucken und das romantische Hinken vorführen.

Potters großes Vorbild in jenen frühen Zeiten, als die Verwendbarkeit des Spiels mit der Gesundheit entdeckt wurde, war wieder einmal Odoreida und sein legendärer Satz zu Gattling-Fenn: »Sie sehen ja bemerkenswert gut aus«, mit dem er ihn, ein paar Tage nachdem Claudia Gattling den Laufpaß gegeben hatte, begrüßte, oder seine nicht weniger wirkungsvolle Bemerkung zu Cogg-Willoughby: »Sie sehen ein bißchen blaß aus«, nachdem dieser sich gerade zehn Tage lang im Engadin die Sonne hatte auf den Pelz brennen lassen. Unsere Grundlinie läuft so: Man muß jedem Anfänger deutlich machen, daß er sich entweder den Anschein absoluter Gesundheit geben sollte oder spüren lassen, daß er eigentlich keine Sekunde schmerzfrei ist. Diese beiden Strategien dürfen niemals durcheinandergebracht werden.

Die natürliche Überlegenheit der Ärzte

Dem Novizen, der sich auf das Gebiet Gesundheit spezialisiert, stellt sich ein gewaltiges Hindernis in den Weg: Wir Lifemen zollen den Ärzten einen hohen Respekt. Mehr als alle anderen Berufsangehörigen, abgesehen vielleicht von den Finanzexperten, Kassenwarten und dem Spezialisten, der Leute berät, wie sie ihren Wagen bleifrei halten, haben sich die Ärzte als besonders befähigt erwiesen, sich ihren Patienten durch ein gut abgefedertes Gerüst von Tricks und Spielzügen überlegen zu zeigen. Darauf beruht ihre ganze Karriere. Manche Leser werden vielleicht von der Skalpell-Forschungsgruppe – einem offiziellen Organ der Britischen Medizin – gehört haben, die sich um Vereinheitlichung und Kodierung der Prozedur bemüht. Ihre Definition von »Doctorship«, der man eine gewisse brutale Direktheit nicht absprechen kann, läuft darauf hinaus, es sei die »Kunst, dem Patienten eins überzubraten, ohne ihn direkt umzubringen«.

Das Skalpell-Forschungsinstitut unterscheidet vier Typen von Ärzten, die in Konkurrenz zueinander stehen:

Typ eins: Der verdammt gute Arzt, immer erreichbar, enthusiastisch, die praktische Vernunft sprießt bei ihm aus sämtlichen Knopflöchern, er verschreibt am liebsten einfache Haus- oder Naturheilmittel, damit steht er im diametralen Gegensatz zu
Typ zwei: Der verdammt gute Wissenschaftler. Der verdammt gute Wissenschaftler brüstet sich damit, die Anfangssymptome der Windpocken vergessen und seit seinem Abschlußexamen keine Brust mehr abgehört zu haben. Sein weißer Kittel ist befleckt mit Chemikalien. Die Ausbuchtungen seiner Tasche sind nicht etwa Stethoskope, sondern graphische Tabellen.
Typ drei: Ein seltener anzutreffender, aber sehr erfolgreicher Typ, der seine Erfahrungen in Weltgegenden gesammelt hat, wo man auf die primitivsten Instrumente verzichten mußte, und der die Behandlung von Infektionskrankheiten in den Sumpfgebieten der Nagiba-Täler erlernte, wo er im Umkreis von zweitausend Kilometern weit und breit der einzige Arzt war. Dann haben wir schließlich
Typ vier: Der Arzt, der sich einen Namen gemacht hat, indem er auf die wirklich einfachsten Fragen immer ein und dieselbe Antwort gibt: »Das wissen wir einfach nicht.«

Zwischen diesen Typen, die einander durchaus das Wasser reichen können, findet ein endloser Kleinkrieg um Statussymbole statt, bei dem es um den schicksten Wagen, die modernste Praxisausrüstung und um die eleganteste Kleidung geht.

Die natürliche Unterlegenheit
des Patienten

Eine nur zu berechtigte Frage: Welche Chance hat der Patient gegen seinen Arzt? Normalerweise hält der Arzt alle Trümpfe in der Hand und hat die Wahl, wie und wann er sie ausspielt. Er nützt zum Beispiel seinen Startvorteil aus, wenn er ausnahmsweise selber den Anruf eines hilfesuchenden Patienten annimmt, um ihn schon durch die Art zu erschüttern, wie er sich mit einer hohen, schrecklichen Stimme »Hier die Praxis von Dr. Meadows, was wünschen Sie?« meldet, so, als erwarte er eigentlich eine Vorladung zur Unterzeichnung einer Sterbeurkunde. Durch seine kurzangebundene Art kann er dem Patienten alternativ hierzu einbläuen, daß seine Zeit kostbarer ist als die des Patienten und er sie nicht gestohlen hat.

Zu Potters Zeit ließen sich die Ärzte noch zu Hausbesuchen herab. Dazu rät unser großer Lehrmeister:

Bei Hausbesuchen sollte der Arzt unbedingt darauf achten, daß er ordentlicher, adretter angezogen ist als der Patient, und zugleich einen gewissen Unwillen wegen der Unordnung im Schlafzimmer des Kranken erkennen lassen. Auch so nebenbei durchblicken lassen, daß er, der Doktor, einen moderneren Schlafanzugstil bevorzuge. Wenn der Arzt das Schlafzimmer betritt, blickt ihm der Patient erleichtert entgegen:
Patient: »Schön, daß Sie da sind. Als ich gestern aus dem Parlament ziemlich spät nach Hause kam, es ging noch bis in die Nacht um die heißumstrittene Krankenkassenreform...«
Arzt: »Besten Dank. Wenn Sie gestatten, werde ich erst mal diese Haarbürste und den anderen Krempel von ihrer Bettdecke entfernen, ja, so ist es schon besser.«

Patient: »Ich kam also ziemlich spät nach Hause...«

Arzt: »Wenn Sie jetzt mal den obersten Knopf Ihres Hemdes, oder was das sein soll, öffnen würden.«

Patient: »Ich kam also gerade aus dem...«

Arzt: »Ich brauche etwas heißes Wasser, ganz heiß, und ein sauberes Handtuch.«

Patient: »Ja, gleich hier im Badezimmer. Der Postminister...«

Arzt: »Bitte den Mund öffnen.«

Um den Patienten weiter zu demoralisieren, sollte sich der Arzt sofort nach dem ersten Kontakt wegen der Ansteckungsgefahr die Hände waschen. Nicht mehr gebräuchlich ist die gute alte Sitte, sensiblen Patienten, die an chronischen Kopfschmerzen leiden, Anekdoten und Witze zu erzählen, die einen Haken haben: Ihre Pointen sind so versteckt, daß der Patient nie weiß, wann er eigentlich lachen muß, was ihm natürlich zusätzliche Kopfschmerzen verursacht. Zeitgemäßer ist die Methode, eine nur sehr *ungenaue Vertrautheit mit dem Geschmack oder Beruf des Patienten* an den Tag zu legen, die diesen bis zur Weißglut reizen muß. Nach dieser Eröffnungsbehandlung mag der Arzt den Patienten – aber nur *unter gewissen Umständen* – nach seinen Symptomen fragen. Aber er sollte sich deutlich anmerken lassen, daß es ihn gar nicht interessiert, was der Patient ihm erzählt, ihm vielmehr dabei den Puls fühlen und die Hand auf die Magengegend legen, kurz: ihm demonstrieren, daß ihm als Arzt seine Fingerspitzen mehr darüber verraten, was mit dem Patienten nicht in Ordnung ist, als wenn er dessen laienhaftem Geplapper zuhört, das ihm nur unpräzise, schlecht beobachtete und hysterisch übertriebene Eindrücke vermittelt. Erfahrene Ärzte haben die Gewohnheit, den Patienten in ihre Behandlungszimmer zu geleiten, dann aber, während der sich entkleidet, den Kopf abzuwenden und so Kritik an seinem Geschmack, was Unterwäsche, Socken etc. betrifft, anzudeuten.

Die Ausgangssituation ist, dem Arzt geht es gut, dem Patienten geht es schlecht, und wäre es nur, weil er jetzt unbedingt eine Zigarette braucht.

Zu Altmeister Potters Zeit war das Zigarettenspiel offenbar noch nicht sehr verbreitet. Hier ein paar Beispiele aus der Praxis:

Fall 1:

Arzt: »Wie viele Zigaretten am Tag rauchen Sie?«

Patient: »Gar keine. Ich habe mir das Rauchen abgewöhnt.«

Arzt: »Also mal Hand aufs Herz, Sie wissen, es kann tödlich sein, seinen Arzt zu belügen. Also, zehn? Zwanzig? Oder mehr?«

Patient: »Also, wenn ich Ihnen doch sage...«

Arzt: »Nun gut, Sie sind alt genug zu wissen, was Sie tun, aber wenn Sie wissen wollen, woher Ihre Kreislaufbeschwerden kommen...«

Patient: »Kreislaufbeschwerden? Ich?«

Arzt: »Ich wollte Sie nicht beunruhigen, aber Ihre Werte...«

Patient: »Aber die können Sie doch noch gar nicht kennen.«

Arzt: »Ich verlasse mich noch ganz altmodisch auf mein Auge, aber bitte, rauchen Sie ruhig weiter...«

Fall 2:

Patient: »Herr Doktor, ich habe es nicht geschafft.«

Arzt: »Wie viele?«

Patient: »Dreißig, vierzig, manchmal sechzig.«

Arzt: »Ihnen scheint das nichts auszumachen.«

Patient: »Aber morgens, dieser Druck auf meinen Bronchien, dieser Auswurf, das kann doch nicht normal sein.«

Arzt: »Muß nicht mit dem Rauchen zusammenhängen.«

Patient: »Aber Herr Doktor, ich habe gehofft, daß Sie mir das Rauchen verbieten würden.«

Arzt: »Also mal von Raucher zu Raucher, das bringe ich einfach nicht übers Herz. Im übrigen, meine Großtante war Kettenraucherin und starb mit 89 durch einen Verkehrsunfall. Die Gefahr des Rauchens wird stark überschätzt, bitte, wollen Sie eine? Bedienen Sie sich.«

Fall 3:

Arzt: »Sie haben schon wieder geraucht, trotz meines strengen Verbots.«

Patient: »Ich schwöre... also gut, ich gebe es zu. Woran haben Sie das gemerkt?«

Arzt: »Ihr Atem.«

Patient: »Aber nur eine.«

Arzt: »Und gestern?«

Patient: »Sechs, eine nur halb... also sieben.«

Arzt: »Es ist Ihr Leben, nicht meins. Sie haben also wieder damit angefangen.«

Patient: »Mein Leben ist ein einziger Streß, meine Ehe...«

Arzt: »Alles faule Ausreden. Also, zum letzten Mal: Ab jetzt keine einzige Zigarette mehr, keine einzige, wollen Sie mir das versprechen?«

Patient: »Hoch und heilig.«

Fall 4:

Patient: »Heute vor fünf Jahren, meine letzte Zigarette geraucht, das verdanke ich Ihren Warnungen.«

Arzt: »Ich werde jetzt erst mal Ihre Lunge röntgen lassen.«

Patient: »Aber Herr Doktor, warum denn? Fünf Jahre nicht geraucht!«

Arzt: »Noch nie was von Karenzzeit gehört? Nach dem neuesten Stand: zwanzig Jahre. So ein Karzinom kann schon zehn Jahre in Ihnen schlummern und Sie ahnen es gar nicht. Sie sind auf einmal so blaß, ist Ihnen nicht gut? Das gefällt mir aber gar nicht. Machen Sie sich bitte mal frei...«

Zurück zu Potter: Er rät dem Arzt, den Patienten auf sanfte Weise zu zeigen, wer hier Herr bzw. Arzt im Hause ist:

Mal angenommen, Ihr Patient erscheint mit, sagen wir mal, einem chronischen Fall von Warzen auf dem Halsrücken. Er wird dazu tendieren, die Sache auf die leichte Schulter zu nehmen. Das sei ihm zugestanden, dennoch darf ihm ein bißchen Angst nicht erspart werden, und zwar mittels kleiner Nebenbemerkungen zu einer unsichtbaren Schwester.

Arzt: »Nun, das sieht ja gar nicht erfreulich aus. Wenn Sie mal bitte Ihr Hemd ausziehen würden.«

Patient (putzmunter): »Sieht wohl nicht sehr nach Sonnenbädern in Annecy nächsten Sommer aus.«

Arzt: »Bitte ziehen Sie es ganz aus. Glücklicher, kennen Sie den See (senkt Stimme): Schwester, reichen Sie mir bitte einen Watson-Dunn, ja?«

Patient: »Ja, ich liebe ihn, wir gehen dort jedes Jahr hin.«

Arzt (drückt einen Summer): »Das Essen ist vorzüglich« (spricht ruhig in sein Sprechgerät) ».. . Oh, Frau Barker, bringen Sie mir die leichte Spritze vom Sterilisator, ja die doppelte, wir wollen die Sache unverzüglich in Ordnung bringen.«

Patient: »Aber es ist doch nicht irgendwie. . .«

Arzt: »Nichts Ernstes, da bin ich sicher. Wenn Sie sich jetzt bitte bücken würden. Ach ja, Annecy. Kennen Sie auch Talloires? Schwester, wenn Sie mir jetzt bitte behilflich wären, während ich mal einen Blick darauf werfe. . . Quadriceps bitte und. . . oh, vielen Dank, Frau Barker, lassen Sie das Wasserstoffgerät bitte an« (komprimierte Luft kann von einem Assistenten im Hintergrund, der nur durch die Zähne zzz machen muß, vorgetäuscht werden).« »Ja, ich erinnere mich jetzt an ein kleines Restaurant. . . ein bißchen tiefer beugen. . . es heißt ›George Bis‹. . . so, das war's.«

Wenn der Arzt am Ende der Untersuchung seinen Patienten mit einem charmanten au revoir entläßt, kann er – statt ihm zu verraten, was ihm fehlt – noch ein übriges tun, um bei ihm schwere seelische Störungen

hervorzurufen, indem er nämlich durch einen speziel-
len, nur zu diesem Zweck konstruierten Arzt-Spiegel in
das verängstigte linke Auge des Patienten starrt, wobei
dieser in dem Arzt-Spiegel das vergrößerte, seitenver-
kehrte, blutunterlaufene Auge des Arztes erblickt.

Eine leichte Störung

Doctorship besteht natürlich darin, dem Patienten das
Gefühl zu vermitteln, daß er sich a) zu wenige Sorgen b)
aber viel zu viele Sorgen macht. Im ersten Fall wird unser Mann ihm klar und deutlich sagen, daß er sich beim
Jogging viel zu viel zumutet für sein Alter, aber für den
normalen Patienten-Umgang auf der Basis »Machen Sie
doch nicht so viel Aufhebens« ist folgende Haltung des
Arztes zu empfehlen:

1. Wenn der Patient einen kleinen Ausschlag hat, sollte
der Arzt eine wirklich schlimme Hautkrankheit be-
schreiben, die er heute morgen in der Klinik gesehen
hat, als ob dagegen so ein paar dumme Flecken wirklich
nicht der Rede wert sind.

2. Wenn es sich um einen steifen Nacken handelt, dann
zeigen Sie ein offensichtlich nicht allzu großes Interesse und sagen etwa: »Tut mir leid zu hören«, und
wenn dann der Patient darüber klagt, daß er in der
Nacht sechsmal durch einen stechenden Schmerz auf-
gewacht ist, dann lassen Sie ihn hören, wie Sie zu Ihrer Assistentin sagen: »Patient scheint an leichten
Beschwerden zu leiden. Ich komme heute nicht zum
Lunch.«

3. Wenn er eine Erkältung behandelt, sollte der Arzt
rein mechanisch eine Liste von Medikamenten und
Heilmitteln und Vorbeugungsmaßnahmen aufzählen,

die der Patient einnehmen bzw. befolgen muß und ihm dann sagen: »Ich hatte gerade die gleiche Erkältung, sie grassiert offenbar überall. Was *ich* dagegen tue? Nun, ich tue selber gar nichts dagegen. Absolut gar nichts. Tut mir leid, aber es ist so. Ich mache einfach weiter, als hätte ich überhaupt nichts. Sie? Sie gehören natürlich ins Bett, das befehle ich geradezu.«

4. Hier haben wir einen Patienten vor uns, der viel Zuspruch braucht. Seine Warzen tun weh. Sein Hals ist geschwollen. Machen Sie ihn lächerlich, indem Sie alles genau notieren, was er an Beschwerden vorbringt, etwa so:

Arzt: »Wann haben Sie das alles bemerkt?«

Patient: »Mein Hals rötete sich ein wenig Ende letzten Monats.«

Arzt (notiert sich): »Ende letzten Monats wurde Hals rot.«

Patient: »Angefangen, weh zu tun, hat es erst vorige Woche.«

Arzt: »Nach achtzehn Tagen leichtes Unbehagen. Tja, das ist also der achte Fall von falschen Warzen, der mir in dieser Woche untergekommen ist.«

Patient: »Was meinen Sie damit, falschen?«

Arzt: »Nur die Wurzel ist betroffen.«

Moderne Methode

Viele Ärzte wenden natürlich die moderne Methode an, die darin besteht, den Patienten durch total irrelevante Diagnosen zu irritieren oder zu verunsichern. Also: Herein kommt der Mann mit den Warzen. Dem Arzt genügt ein Blick, schon fordert er ihn auf, sich hinzulegen.

Arzt: »Ja, gut so. Entspannen Sie sich erstmal. Also, wann sind Ihnen die Warzen erstmalig aufgefallen?«

Patient: »Ach, so vor einem Monat.«

Arzt: »Gut. Jetzt versuchen Sie mal, das rechte Bein langsam zu heben, jetzt wieder senken, jetzt wenden Sie bitte den Fuß scharf nach links, nein, *links*! Nun wieder aufsitzen. Hoch. Sind Sie eigentlich jemals entspannt?«

Patient: »Oh... *ja*.«

Arzt: »Nein, ich meine jeden Muskel, Wangen, Nase, Gaumen...« Jetzt kommt die total irrelevante Frage: »Sagen Sie mal, was für einen Nagellack verwendet Ihre Frau?«

Patient (wird langsam sauer): »Ich bin nicht verheiratet.«

Arzt: »Nicht? Halten Sie Hühner unter Ihrem Schlafzimmerfenster?«

Patient: »Die Umgebung von Mayfair eignet sich nicht gerade zur Hühnerhaltung.«

Arzt: »Natürlich nicht. Ach, hätten Sie etwas dagegen, wenn ich mir Ihren Füllfederhalter mal etwas genauer ansehe? Ja, danke.« (Pause) »Ja...«

Dem steht die traditionellere Methode entgegen:

Traditionelle Methode

Das Wesen der traditionellen Methode besteht darin, hin und wieder einen Ausruf wie »Was Sie brauchen, das ist kein Psychoquatsch oder eine Strahlenbehandlung, sondern einen ordentlichen Klaps auf den Po« von sich zu geben. Wenn es sich herausstellt, daß der Patient wirklich krank ist, ist es immer noch möglich, gleichzeitig ernst und stolz auszusehen und zu sagen: »Ihnen ist wohl klar, daß Sie vor 25 Jahren schon tot wären?«

Der Wunsch nach einer organisierten Patienten-Abwehr

Es wird sich herausstellen, daß die ganze Arzt-Patient-Situation für den Laien geradezu vor Schwierigkeiten strotzt. Aber sind das nicht die Probleme, die unbezwingbare Überlegenheit der Ärzte über ihre Patienten, die wir am liebsten haben? In schlichten Worten: Wie kann es der Patient dem Arzt heimzahlen? Nun, es gab von Anfang an verschiedene Annäherungen an das Problem, die aber alle verworfen wurden. Man befürchtete, es könnte dem Arzt die Stimmung verderben, wenn man ihn, nachdem er einen Fall von Mumps diagnostiziert hat, fragt, ob er etwas dagegen hat, wenn man eine weitere Diagnose einholt. Schon bald entdeckte man, daß sich hinter seiner ersten Miene die Genugtuung verbarg, dadurch für einen armen alten Kollegen ein zusätzliches Honorat herauszuschlagen. Einige Elternpaare verzeichneten gewisse Erfolgserlebnisse, hatten sie doch ihrem jüngsten Kind eingebläut, dem Doktor, sobald er das Krankenzimmer betreten hatte, mit klarer Stimme entgegenzurufen: »Mammi, ich kann den Kerl nicht ausstehen.« (Diese Begrüßungsart ist nicht mehr üblich.)

Manche Spezialisten behandeln Patienten so, als haben sie nicht nur keinen Schimmer von der Medizin, sondern verfügen über die anatomischen Kenntnisse eines Vierjährigen. Oft verwenden sie ohne jede Notwendigkeit technische Begriffe, um sie dann zu erklären: »Diese harmlose Rhinitis, die Sie da haben, kennen Sie unter dem Namen Schnupfen.«
Was der Patient auch versucht, er wird gegen den Arzt immer den kürzeren ziehen. Nehmen wir noch einmal die Warzen als Beispiel:
Patient: »Ich komme zu Ihnen, obwohl der Fall eher be-

langlos ist, aber da war dieses seltsame ödematöse Umfeld um die Warzen herum.«

Arzt: »Hm. Sieht ein bißchen geschwollen aus. Sagen Sie mir: Macht es manchmal pong-pong-pong in der Warze?«

Patient: »Sie meinen, ob es darin pocht? Frage: Ist die Geschwulst vasculär?«

Arzt: »Darüber machen Sie sich mal keine Sorgen. Sehen Sie, das Herz ist eine Art von Pumpe.«

Patient: »Gewiß, aber...«

Arzt: »Es funktioniert so: Ein und aus, ein und aus, nein, schauen Sie auf meine Hand.«

Patient: »Nun ja, aber...«

Arzt: »Und das Blut ist nicht nur Blut, es ist voll von kleinen Soldaten, die sich alle gegenseitig bekämpfen.«

Patient: »Aha.«

Arzt: »Haben Sie gedient?«

Patient: »Nein, direkt eigentlich nicht.«

Arzt: »Sie haben sicher von dem Begriff ›Corpusculum‹ gehört. Das sind die weißen Kerle und die roten Burschen, man kennt sie auch unter dem Namen Blutkörperchen. Und zwischen denen tobt eine Schlacht, und das Schlachtfeld ist die Infektionsquelle – wo ETWAS FAUL ist.«

Selbst der ausgekochteste Patient kann durch diese Behandlung zum Schweigen gebracht werden. Etwas leichter wird der Patient mit einem arroganten Arzt-Typ fertig, der einem zur Begrüßung mitteilt – unser Problem ist ein steifer Hals –, das sei doch ein ziemlich trivialer Fall, und er sei total gestreßt, weil er die ganze Nacht mit Fällen von Thrombozytose purpura zu tun hatte. Er könnte so gekontert werden: »Es tut mir leid, daß ich Sie mit so einem trivialen Wehwehchen behellige, aber mein Freund, Prof. Sourbreak überredete mich, nur einen wirklich kompetenten praktischen Arzt aufzusuchen, wenn ich überhaupt einen kennen würde. Er drang ungefähr zwanzig Minuten lang in mich und bat darum, ihm das Ergebnis der Untersuchung mitzuteilen. Ach, übrigens, nebenbei: Was sind eigentlich Ihre Qualifikationen?«

Zum Abgewöhnen

Ein wichtiges Mittel im Ärzte-Pottern: das Abgewöhnen. Schon beim ersten Besuch kommt die Frage: Rauchen? Essen? Trinken? Sex? Wieviel bzw. wie oft? Das Ziel besteht darin, dem Patienten etwas abzugewöhnen, woran sein Herz hängt.

Arzt (nach einer gründlichen Untersuchung und einer Überprüfung der Werte mit undurchdringlichem Gesicht): »Was sind Ihre Lieblingsspeisen?«

Patient (verängstigt): »Schweinebraten mit Knödel.«

Arzt: »Den werden Sie sich wohl abgewöhnen müssen, ich meine, wenn Ihnen Ihr Leben lieb ist. Sie haben zwanzig Kilogramm Übergewicht, Cholesterinwert ist zweihundertneunundachtzig, Ihr Herz... also: ab heute keine fetten Soßen, keinen Braten, keine Mehlspeisen, wegen der Kohlehydrate kein Brot, kein Fett, keine Kartoffel.«

Patient (sucht nach einem Schlupfloch): »Herr Doktor, wie ist es mit Kiwis?«

Arzt: »In Ihrem Fall das reine Gift. Mal was vom Yin- und Yang-Faktor gehört?«

Gibt es ein Gegenmittel? Ja, die Köder-Methode. Man nennt dem Arzt eine angebliche Lieblingsspeise, die man ehrlichen Herzens verabscheut, sagen wir Pizza und Pommes frites mit Ketchup.

Arzt: »Wissen Sie nicht, wie hoch die Todesrate unter Pizzaessern ist?«

Patient: »Und bei Pommes frites?«

Arzt: »Darüber möchte ich lieber schweigen. Wir sehen uns in sechs Wochen wieder, bis dahin: keine Pizza, keine Pommes frites.«

Pottern im Geschäftsleben
oder: Wie man einen potentiellen Käufer einwickelt

Originalton Stephen Potter:

Im Geschäftsleben verstand man sich schon gut darauf, den Konkurrenten, und, wenn es sein mußte, Partner einzuwickeln, indem man ihm immer um einen Schritt voraus war. Das Ziel ist, den Kunden so zu hypnotisieren, daß er einen Vertrag abschließt, den er eigentlich gar nicht abschließen wollte. Stellen Sie sich eine Person voller Selbstvertrauen vor: Der Mann ist der typische Verkäufer. Und stellen Sie sich einen potentiellen Käufer vor, dessen Kaufeifer allenfalls übertroffen wird von seiner erstaunlichen Bewunderung für diese feine Person, die gerade dabei ist, ihn nach Strich und Faden übers Ohr zu hauen. Das ist die Ausgangssituation. Aber in unserem Lehrbeispiel ist die Situation genau umgekehrt: Gehen wir einmal davon aus, daß der *angehende* Verkäufer einen interessierten Käufer dazu bewegen will, ein Dokument zu unterschreiben, das einen kleingedruckten Text enthält, der bei gründlicher Prüfung eine für den Kunden ungünstige Klausel enthält. Das Dokument liegt auf dem Tisch. Der Dialog läuft so:
Verkaufsschüler: »Ich glaube, Sie werden alles in Ordnung finden, Herr Fortinbras.«
Fortinbras: »Nun ja, aber was ist mit der...«
Verkaufsschüler (ölig): »Es war doch Ihr Wunsch, daß wir uns gegenseitig nicht binden. Nehmen Sie bitte hier Platz.«
Fortinbras (verwirrt): »Da steht etwas Kleingedrucktes, das Ihnen ein Übertragungsrecht einräumt.«
Verkaufsschüler: »Das stimmt.«
Fortinbras (mißtrauisch): »Ja, aber...«

Verkaufsschüler: »Wenn Sie jetzt bitte Ihren Namen dorthin setzen, wo ich ein Kreuz gemacht habe. Ich hoffe, daß mein Füller funktioniert.«

Was läuft hier falsch? Der unerfahrene Verkäufer stellt einen funkelnden Füller, frisch gefüllt mit Tinte, zur Verfügung. Er gibt sich zuvorkommend. Er ist liebenswürdig. Der Kunde sieht sich in die Defensive gedrängt, und todsicher fängt er an, Fragen zu stellen. Im Gegensatz dazu zeigen wir den *ausgebildeten* Verkäufer in derselben Position. Auch jetzt liegt ein Dokument auf dem Tisch, fix und fertig zur Unterschrift bereit.

Ausgekochter Verkäufer: »Ich glaube, das ist das Papier, das Sie unterschreiben sollen.«

Fortinbras: »Wie bitte?«

Ausgekochter Verkäufer: »Lassen Sie uns ganz auf Nummer sicher gehen. Meine Sekretärin sollte aber erstmal meinen Schreibtisch aufräumen.«

Fortinbras (amüsiert): »Ach, hier steht ja mein Name schon.«

Ausgekochter Verkäufer: »Sehen wir uns den Vorgang mal ganz genau an« (liest sehr langsam): »Während die vertragschließende Partei, im folgenden Vertragsnehmer genannt, innerhalb des Geltungsbereiches der beiden Vertragschließenden... kapiere kein Wort.«

Fortinbras (fast väterlich): »Zeigen Sie mal her. Ich kenne diesen Jargon: ›Die unterzeichnenden Parteien...‹«

Ausgekochter Verkäufer: »Sieh einer an... toll, nicht wahr?« (Beide lachen)

Fortinbras (macht sich bereit): »Ja, einfach toll, und ich soll diesen Paragraphen individuell unterzeichnen, nicht wahr?«

Ausgekochter Verkäufer: »Wie? Ach so, ja, natürlich, tut mir leid, ich finde meinen Füller nicht (durchblättert Papiere). Ist mir echt peinlich, aber ich habe eine neue Sekretärin, Josephine. Wahrscheinlich ist sie gerade in der Kantine, typisch.«

Fortinbras: »Ist schon in Ordnung, ich habe einen Füller.«
Ausgekochter Verkäufer (plötzlich hellwach): »Ach, ist
das die neue Sorte, die auf Eis schreiben kann oder so?
Prächtiges Ding. Darf ich mal? Pardon, nach Ihnen
natürlich.«

Carmanship und Godfrey Plaste
oder: Potter und Autofahren

Manchmal steht der Kandidat schon unter Beobachtung
und ahnt es nicht. Das beginnt bereits bei der Anreise,
sei sie mit dem Zug oder mit dem Wagen erfolgt. Wenn
der Kandidat mit dem Wagen anreist, sollte er ein wenig
von unserer Autotheorie wissen und unser Pamphlet
gelesen haben, das wir hier in Kurzform wiedergeben.
Es nennt sich *Carmanship oder die Kunst, den Verkehr
zu gefährden, ohne eine absolute Verkehrsgefährdung
zu sein.*
Godfrey Plaste, unser Assistenz-Professor für die Differentiallehre in puncto Carmanship, muß fast eine
halbe Million Worte über die verschiedenen Lifemanship-Menschen verfaßt haben, denn er hat ja ein schon
fast zu leidenschaftliches Freizeitinteresse an allem,
was sich auf das Auto- und Fahrerspiel bezieht. Niemals ganz zufrieden zerriß er Seite um Seite, während
er schrieb, manchmal sogar schon vorher, bis schließlich vier gültige Seiten übrig blieben. Die überreichte
er mir mit einer etwas überschwenglichen Widmung
und drückte darin die Hoffnung aus, daß ich das Manuskript nicht veröffentlichen würde. Weil dieser
Wunsch offenbar auch wieder nur eine Masche war,
und weil Plaste inzwischen von uns gegangen ist, gebe

ich hier wieder, was ich für die Essenz seines Systems halte:

Zugestandenermaßen liegen die Ursprünge in einem Gambit, das er im Laufe der Jahre entwickelt hat. Es nennt sich ›Plastes freundliches Grußsignal‹, und ich muß schon sagen, er hat es darin zu einer feinen Kunstfertigkeit gebracht. Ein wilder, rücksichtsloser Fahrer wie Plaste brillierte damit, entgegenkommende Wagen zum Sofort-Stop zu veranlassen, indem er sich immer den falschesten Moment zum Überholen aussuchte. Ich war selbst Zeuge, wie ein entgegenkommender Super-Öl-Lastzug durch Plastes sorgsam getimtes Überholen gezwungen wurde, auf die Rasenbankette auszuweichen, und dabei einen Lichtmast aus Zement mitnahm. Nun aber setzte Plaste seine Grußmasche ein, und wieder kam er damit durch. Im Grunde handelte es sich bei dieser Zeremonie um ein einfaches Heben der Hand, ein leichtes Verneigen des Kopfes und ein ernstes Lächeln. Anstelle eines zu erwartenden Wutausbruchs brachte er es nicht selten zuwege, von dem entgegenkommenden Fahrer *zurückgegrüßt* zu werden. Wie schaffte er das? Das einzige Mal, das ich Plaste frontal auf mich zufahren sah, überholte er einen Rettungswagen. Da ich die Sirene rechtzeitig gehört hatte, verlangsamte ich mein Tempo und kam gut vorbei. Wir befanden uns auf einer der engsten Stellen der berüchtigten, zweispurigen Autostraßen in den Norden. Plötzlich tauchte die mattblaue Kühlerhaube von Plastes verbeultem Wagen, quietschend mit niedrigem Gang fahrend, auf. Ich drückte die Fußbremse fast durch den Wagenboden. Während mein Kopf an die Windschutzscheibe prallte, sah ich seine Hand, die mich freundlich grüßte. In seiner Geste lag eine so würdige Ruhe, daß mich nicht die Wut überkam, sondern das Gefühl, daß ich irgendwie dazu beigetragen hatte, daß er eine wichtige Botschaft, von der das Wohl und Wehe unserer Nation abhing, schnellstens überbringen und damit vielleicht eine Krise verhindern konnte. Ich bin mir gar nicht sicher, ob ich nicht zurückgegrüßt habe. Erst viel später, als ich mich umwandte und seinen verbeulten Wagen an den Bienenwaben an seinem Schutzblech erkannte, wurde ich zornig und bekam einen Schreikrampf.

Es waren solche Erfolge, die ihn bewogen haben mochten, den Begriff Carmanship in die Welt zu setzen. Von Kindesbeinen an war er fasziniert vom Rücksitznörgelspiel, ein Spiel, das sich schon großer Beliebtheit erfreute, bevor Gamesmanship und Yeovil existierten. Seine Beifahrer-Technik bestand darin, zunächst mal fünf oder sechs Minuten zu schweigen. Wenn dann noch genügend Zeit war, auf die Bremse zu treten, fing er – wenn auch zunächst unmerklich – an, mit den Füßen zu scharren. Vor einer Linksabweichung würde er, in einem Cabrio, seinen linken Arm einen halben Kilometer vorher hinausstrecken, vor einer Rechtsabweichung würde er seine Hand weithin sichtbar auf und nieder bewegen, als ob er gerade Rühreier mache, dabei einen gefährlichen Autobahn-Signal-Code-Irrtum begehen, gleichzeitig aber jedermann wissen lassen, daß es mit meinen Handsignalen nicht weit her sei. Wenn man sich einem Kind näherte, das ganz ruhig auf dem Bürgersteig entlangspazierte, würde er zunächst zusammenzucken, dann seine Knie hochziehen und dann murmeln:

Plaste: »Tuuut. Tuuut.«

Beifahrer: »Was sagten Sie gerade?«

Plaste: »Nur tuuut, tuuut. Ich war nicht ganz sicher, ob Sie das Kind bemerkt haben.«

Beifahrer (Pause): »Es geht gerade ins Haus.«

Plaste: »*Oh*, – ja. Jetzt ist alles in Ordnung. Reizendes kleines Geschöpf.«

Wenn er aber selber am Steuer saß, war er für seine Mitfahrer die reine Pest. Zum Beispiel überquerte er in rasendem Tempo drei gefährliche Kreuzungen. Wenn man dann schlotternd vor Angst auf das Stoppschild vor der nächsten Vorfahrtstraße hinwies, konnte es passieren, daß er sofort an den Straßenrand fuhr und folgende Belehrung erteilte: ›Sehen Sie, haben Sie etwas dagegen, wenn ich Ihnen folgendes verrate: Ich sitze seit fünfundzwanzig Jahren hinter dem Steuer, und wenn mir ein Mitfahrer sagen will, wie schnell ich fahren soll, dann macht er mir etwas bewußt, was ich ganz intuitiv und natürlich mache. Ich habe nichts gegen schlechte Manieren, aber ich habe etwas gegen den Tod. Besten Dank.‹ Natürlich hatte er völlig recht, und als er dann in die Oxfordstreet raste und mit seinem vorderen Kotflügel einen Bierlaster streifte, begann ich damit, Entschuldigungen zu murmeln. ›Ist schon o. k.‹ beschwichtigte er mich.

Plaste hatte noch eine andere Methode, Mitfahrer kleinzukriegen. In seinem Handschuhfach lag eine Auswahl veralteter zerfledderter Stadtpläne und Straßenkarten, die durch ausgiebigen Gebrauch an den Rändern unidentifizierbare Kennummern hatten. Er würde ein Bündel dieser Karten rüberreichen mit der Aufforderung: ›Wie wäre es mit ein bißchen Kartenlesen?‹ Wenn man nach zehn Minuten die richtige Karte gefunden hatte und nach weiteren zehn den richtigen Ort, würde er sagen:

Plaste: »Hätten Sie etwas dagegen, die Karte in die richtige Hülle zurückzulegen?«

Beifahrer (um ihn zu necken): »Ja, durchaus.«

Nach weiteren zwei Minuten:

Plaste: »Nun?«

Beifahrer: »Was meinen Sie mit nun?«

Plaste: »Wo sind wir gerade?«

Beifahrer (der wußte, daß sie auf halber Strecke zwischen Henley und Nettlebed waren): »Wir kommen gut voran.«

Plaste (um eine ruhige Stimme bemüht): »Ja, ja, aber ich meine, wo sind wir? Das macht es doch erst interessant.«

Beifahrer: »Eigentlich sind wir nirgendwo.«

Plaste: »Was soll das! Ich möchte gerne wissen, wie dieser hübsche kleine Wald dort drüben heißt«

Beifahrer (nachdem er die Karte minutenlang hin und her gewendet hat): »Hier steht Upper Common.«

Plaste würde einen dann irritieren, indem er ›Thingplatz‹ sagte.

»Entfacht das nicht Ihre Phantasie? Vielleicht fanden hier die Volksversammlungen statt, in dieser Lichtung im Wald da vorn.«

Mit weiblichen Kartenleserinnen war Plaste noch ruhiger, aber auch schneidender:

Plaste (klar und deutlich): »Alles klar, meine Liebe? Nun schauen Sie mal genau hin, wir brauchen die zweite Straße III. Ordnung und zwar links.«

Beifahrerin: »Links auf der Karte?«

Plaste (charmant): »Wie meinen Sie das? Sie haben offensichtlich die Orientierung verloren.«

Nach einer Pause:

Beifahrerin: »Müßte hier nicht ein Wegweiser stehen?«

Plaste (fuhr, immer noch lächelnd, an den Straßenrand): »Ich glaube, wir sind vorbeigefahren. Wollen mal schauen, ob ich den Ort finde.«

Nach weiteren vier bis fünf Minuten Bemerkungen dieser Art ist keine Frau noch imstande, den Unterschied zwischen einer Eisenbahn und einem Wasserreservoir zu erkennen, und es würde dieses spannungsgeladene, tränennahe Schweigen entstehen, das Plaste so genoß.

Damit habe ich hoffentlich einen Eindruck von der inzwischen oft imitierten Plaste-Tour vermittelt. Uns blieben nur ein paar hingekritzelte Bemerkungen, ein paar hingeworfene, aber unvergessene Äußerungen. Denn Plaste spielte sein Spiel vor drei Jahren zum letzten Mal. Ein Zusammenstoß beim Rückwärtsfahren beendete sein Leben.

Wie konnte das passieren? Zu seinen mit besonderem

Eifer betriebenen technischen Leidenschaften gehörte, London wie seine Westentasche zu kennen. Er pflegte ein oder zwei Kilometer von seiner Fahrtrichtung abzuweichen und sich durch irgendeinen Güterbahnhof zu schlängeln, weil das »die einzige Möglichkeit war, den Notting-Hill-Verkehr zu vermeiden«. Er kannte kleine Oasen in irgendwelchen Parks, wo es keine Tempofallen gab, und nutzte diese Kenntnis, um sinnloserweise Runde um Runde um das Victoria-Denkmal vor dem Buckingham-Palast zu drehen. Und er hatte eben diese fatale Neigung, in Einbahnstraßen vom falschen Ende her rein- und rückwärts wieder rauszufahren. »Dadurch spart man viel Zeit«, behauptete er. Und bei einer solchen Demonstration ist es dann passiert. Er fuhr mit fünfzig Stundenkilometern auf einen Wagen zu, der ihm mit dem gleichen Tempo in der korrekten Richtung entgegenkam. Es war leider zu spät für Plaste, um nach alter Gewohnheit aus dem Wagen zu springen und zu brüllen: »Haben Sie sich das Kennzeichen dieses Wagens gemerkt?« Die Reste von Plastes Wagen sind in unserem Yeovil Museum, aber normalerweise nicht zu besichtigen.

Unsere Seminarleiterin beendete ihre Lesung und sah sich fragend in der Runde um. »Welche Entwicklung konnte Potter nicht voraussehen? Ich bitte um Beispiele aus der Praxis.«

»Das Umweltproblem. Potter würde für uns den Maseratifahrer entdecken, der eine ganze Autobahnschlange nervt, weil er dauernd auf der linken Fahrspur der Autobahn Tempo 90 fährt, um die Umwelt zu schonen.«

»Der Höflichkeitsfahrer, der seine Beifahrer zum Wahnsinn treibt, weil er vor jedem Fußgängerstreifen hält, selbst wenn der nächste Fußgänger noch fünf Meter entfernt ist.«

»Er hält auch vor jedem möglicherweise eine Dorfstraße überquerenden Huhn.«

»Er stoppt, wenn er in seinem offenen Sportwagen durch einen Slum fährt, um Kindern Bonbons zu schenken, allerdings nur, wenn er einen Beifahrer damit beeindrucken kann.«

»Mein Freund Bernd, der bei uns den italienischen Fahrstil praktizieren will und ab und zu Unfälle baut, weil seine deutschen Kollegen nicht so schnell schalten wie seine italienischen Freunde. Seine Freundin Therese findet bewundernd, er sei halt selber ein richtiger Italiener.«

»Gottlieb, der jedesmal, wenn man ihn trifft, einen Beinahe-Unfall mit Mühe und Not überstanden hat, weil irgend so ein blödsinniger Bauerntölpel in der Auvergne aus einer Einfahrt blindlings in die Hauptstraße einbog.«

»Knüllers in der Haarnadelkurve vor Pamplona, wo ihnen die Windschutzscheibe ins Gesicht flog. Ja, der V8, das ist eben sein schwacher Punkt. Darauf sind sie auf den M23 umgestiegen. Ein solider Wagen, neulich hat er ihnen bei Villach das Leben gerettet, als an der unbewachten Bahnschranke der Intercity heranbrauste. Das war vielleicht ein Schock.«

Dorothea Blank bat um weitere Beispiele aus dem allgemeinen Verkehrsleben, und ich meldete mich:

»Mein Freund Jürgen. Neulich am Paloga-Paß. Da wollte ihn so ein Typ an einen ungesicherten Abgrund abdrängen, es ging um Zentimeter, aber irgendwie hat er es geschafft, hat den Nervenkitzel sogar noch genossen.«

»Mein Vater«, berichtete Monika, »genießt es sehr, anderen beim Parken zuzuschauen, und wartet still vergnügt, während der Fahrer immer nervöser wird, auf den winzigen, unvermeidlichen Moment, in dem er eben doch vorne oder hinten das Nummernschild berührt. Dann ist er dran. Mein Vater wendet sich dann etwas ab und beobachtet, ob der Fahrer nun Fahrerflucht begeht. Vorsorglich notiert er sich sein Kennzeichen. Er ist da ganz unbarmherzig, aber wir gönnen ihm dieses nette Hobby.«

»Hat er dabei niemals eine Panne erlebt?«

»Einmal. Da unterbrach ein Fahrer seinen Parkvorgang und bat ihn, ihm beim Einparken zu helfen.«

»Und dein Vater?«

»Half ihm, indem er die üblichen Abstandsgesten solange verengte, bis der andere den hinteren Wagen fast rammte. Dann verdrückte er sich natürlich.«

»Wie reagiert ein pottergeschulter Fahrer, wenn ihm ein Mißgeschick widerfährt, wenn ihn z. B. ein anderer Wagen schneidet oder ihm die Vorfahrt nimmt?« fragte Dorothea Blank.

»Er beschwichtigt den tobenden Fahrer, indem er ihm ein dickes Kompliment dafür macht, daß er es verstand, aus dieser kitzeligen Lage unversehrt herauszukommen.«

»Die andere Möglichkeit wäre: Ihn dafür zu loben, daß ihm in seinem Fahrerleben noch nie ein Fehler unterlaufen ist.«

»Ich fuhr mal mit meinem Bruder, an einer Kreuzung stoppte er etwas abrupt, weil das Ampelrot schon erschien, hinter uns wütende Huperei, wilde drohende Gesten einer Autobesatzung von jungen Schreihälsen, die es offenbar schrecklich eilig hatten. Mein Bruder stieg ganz gelassen aus, ging gemessenen Schrittes zum Fahrerfenster und erkundigte sich ganz höflich nach ihren Wünschen. Der etwas ungemütliche Dialog dauerte so lange, bis eine weitere Grünschaltung vorbei war.«

Pottern und Wein

Tagebuch

27. August: Eigentlich sollte der Kurs ›Die noble Kunst des Weinpotterns‹ stattfinden, aber der dazu vorgesehene Seminarleiter Harry Saubertrank hat sich mit der fadenscheinigen Entschuldigung, er wolle unbedingt den ersten Gehversuchen seines Sprößlings beiwohnen, dispensieren lassen. Bei nächster Gelegenheit wollte ich vorschlagen, einen Kurzlehrgang für Entschuldigungen in unser Programm aufzunehmen. Saubertrank verwies uns in seiner Entschuldigung auf die entsprechende Stelle im Original, in der Potter schon alles vorformuliert hätte. Halten wir uns also an Potter:

Eine Schuljungen-Definition zum Thema Weinkennerschaft lautet: Wie man sich als Weinkenner geriert, ohne auch nur einen Rheinwein von einem Cocktail unterscheiden zu können. In Wahrheit ist Weinkennerschaft in sich selber eine Philosophie, wenn nicht gar eine Ethik, und kann auf jeder Ebene betrieben werden, im Berufsleben so gut wie beim Flirten. Ein paar Anmerkungen, ein oder zwei Tricks als Orientierungshilfe. Starten wir mit den Grundregeln:
Wenn Sie eine junge Frau oder Ihren alten Schulrektor in ein Restaurant zum Essen einladen, dann sollten Sie einen Fehler vermeiden, den alle begehen, nämlich die Weinliste außer Sichtweite des Gastes halten, um sich für den zweitbilligsten Claret auf der Liste zu entscheiden und dann zum Kellner »Nr. 22, bitte« zu sagen. Sowieso niemals die Nummer nennen, weil dadurch der Eindruck entstehen könnte, daß sie den Namen des Weins, den Sie bestellen, nicht aussprechen können. Bestellen Sie den Wein und lassen Sie dabei aber durchblicken, daß sie von diesem Wein schon mal gehört haben. Sagen Sie zum Beispiel: »Diese Weine fallen natürlich verschieden aus, aber man zieht niemals eine totale Niete.« Oder einfacher: »Ich wüßte ganz gern...« Gut beraten ist man, wenn man, bevor der Kellner kommt, einen Blick auf die Weinkarte wirft und sich etwa so äußert: »Erstaunlich, hier kann man nie auf Nummer Sicher gehen. Das Essen ist ja nicht schlecht, aber mir fällt da gerade etwas ein.« Wenn dann der Kell-

ner kommt, sagt man zu ihm: »Schauen Sie, ich weiß doch ganz genau, daß Sie irgendwo im Keller einen *Château Neon 45* versteckt haben. Können wir davon eine Flasche bekommen?« Sie wissen, daß er ihn hat, denn Sie haben diesen Wein tatsächlich auf der Weinliste als den zweitbilligsten entdeckt. Wenn der Kellner verschwindet, bemerken Sie beiläufig: »Sie haben ein kleines Lager für bevorzugte Kunden.«

Mit nur wenig Mühe kann man einen ziemlichen Eindruck, vor allem bei Bekannten aus der City, machen, wenn man fünfzehn Minuten vor dem Essen erscheint, einen ganz gewöhnlichen Wein aussucht und den Kellner veranlaßt, ihn temperiert zu halten und zu entkorken. Wenn dann der Gast eintrifft, sagt man zu ihm: »Ich bin sicher, Sie werden ihn mögen. Sollte schwer in Ordnung sein. Ich brachte sie dazu, sich ab heute morgen um neun um ihn zu kümmern. Kein teurer, aber ein durch und durch ehrlicher Wein und sogar ein *vorzüglicher*, wenn man ihm gestattet, drei bis vier Stunden zu atmen.«

Wenn es um Weintricks in den eigenen vier Wänden geht, sollten Sie immer berücksichtigen, daß Sie unbedingt auf hypnotische Suggestion bauen müssen. Behaupten Sie einfach, daß ein spottbilliger Sherry Ihr besonderer Stolz ist und einen enorm individuellen Geschmack hat. Bestehen Sie darauf, ihn persönlich aus dem Keller zu holen. Verwenden Sie für diesen Vorgang mindestens vier Minuten. Behaupten Sie einfach, entkorken zerstöre die Blume, wenn Sie vergessen haben oder keine Lust hatten, ihn vorher zu entkorken. Starren Sie die Flasche an, bevor Sie einschenken. Wenn Sie den Korken herausgezogen haben, sehen Sie ihn sich ganz genau an und beschnuppern Sie ihn sorgfältig.

Beim ersten Schluck Wein sollten Neulinge folgendes beherzigen: Wenn es sich um einen Claret St. Emilion Château Cheval Blanc handelt, wird von Ihnen erwartet zu wissen, ob es sich um einen Claret oder einen Burgunder handelt. Auch sollten Sie nicht vergessen, daß es ein absolutes Muß ist, sofort den Jahrgang zu erkennen. Und natürlich sollte jeder in der Lage sein, St. Emilion korrekt auszusprechen. Der einzige unerlaubte Zweifel, den Sie äußern dürfen, gilt der Frage, ob das ein Château Cheval Blanc ist. Halten Sie sich zurück bei der Anwendung von Bezeichnungen wie solide, gesund oder angenehm. Ihre Gäste könnten sonst vermuten, daß Sie in einem Weinhändler-Katalog geblättert haben. Ratsamer dürfte es sein, in gebrochenen Sätzen zu sprechen und etwa zu sagen: »Er hat... finden Sie nicht auch?« oder »Er ist ein bißchen zu süffig« oder ebenso willkürlich »Es gibt zu viele Straßenbahnen« zu erwähnen. Ich benütze diese letzte Phase, weil sie reichlich kühn auf die schier *totale Bedeutungslosigkeit* setzt.

Ein wesentlicher Punkt, den man sich merken sollte: Es versteht sich von selbst, daß jeder Wein sein optimales Jahr hat und danach abbaut. Sie können übrigens das Interesse für Ihren Billigwein wesentlich erhöhen, wenn Sie Ihrem Gast versichern, daß Sie diesen Tropfen am liebsten mit ihm getrunken hätten, als er, der Wein, noch in Topform war. Alternativ können Sie ihm versichern: »Ich komme langsam auf den Geschmack. Ich glaube, er ist jetzt genau auf der Kippe.« Ich persönlich ziehe es vor zu sagen: »Ich trinke diesen Wein eigentlich nur aus sentimentalen Gründen... nur eine angenehme Erinnerung, eine Essenz aus Zucker und Wasser... aber dennoch mit einem Abglanz früheren Ruhms. Lassen Sie ihn ausgiebig auf der Zunge zergehen. Schmecken Sie, was ich meine?« Angesichts dieses Psychoterrors dürfte das Karbol-Aroma, das dem Gast zunächst etwas befremdlich in die Nase stieg, ein gewisses Interesse, wenn nicht sogar Wohlwollen wecken. Alternativ können Sie freimütig einräumen, daß ihr Billigwein eine glatte Niete ist. »Sie hatten recht«, sagen Sie, »dieser Jahrgang müßte eigentlich wunderbar sein: perfekte Trauben, perfektes Wetter und dazu der *Vestre*, der Wind der Dordogne. Aber aus irgendeinem Grund schmollt er. Probieren Sie mal und verraten Sie mir, was Sie von ihm halten. Ihnen schmeckt er vielleicht...« Wenn allerdings ihr Billigwein erst zwei Jahre alt ist und unerträglich sauer schmeckt, dann können Sie auch sagen: »Lassen Sie ihn ganz langsam auf der Zunge zergehen. Jetzt hinunterschlucken. Kapieren Sie, was ich meine? Unter Weinkennern nennt man das ›Zitronen zerquetschen‹«.

Wenn der Gast einem keine Chance läßt, ihn davon zu überzeugen, daß der Wein, den er gerade kostet, überhaupt trinkbar ist, dann bleibt Ihnen nur das Schlupfloch zu behaupten, diese Flasche verdiene zumindest ein akademisches Interesse. »Superber Wein, aber in gewissen Perioden läßt er auf einmal nach. So wie man manchmal mit eingeschlafenen Füßen zu Bett geht und am nächsten Morgen nichts mehr davon spürt. Ich glaube, das hat André Simons – ein absoluter Weinkenner – gesagt.‹ Beobachten Sie Ihren Gast beim Trinken des Weines, und wenn er sich schüttelt und das unter Weintrinkern bekannte ›Medizinschluck-Gesicht‹ macht, können Sie ihm versichern:

»Jawohl! Kapiert? Lassen Sie ihn auf der Zunge zergehen.«

»Warum?« fragt der Gast.

»Ist Ihnen diese Schärfe im Nachgeschmack nicht aufgefallen, die Rauheit im Abschied, der Anflug von Bosheit in diesem *au revoir*?« Wenn Ihr Gast das bejaht, zeigen Sie sich befriedigt.

Pottern mit Geschenken

Tagebuch

28. August: Bis Weihnachten ist es zwar noch eine Weile hin, dennoch darf man sich wohl schon ein paar grundsätzliche Gedanken machen, wie es ein echter Potterianer mit den Geschenken hält. Potter tritt zunächst dem Aberglauben entgegen, in Yeovil habe man keinen Humor und seine Bewohner seien allesamt Spielverderber.

Er schreibt:

Wir lachen zu jeder Tageszeit, wir fördern alles, was menschenfreundlich ist und echt, solange der Lifeman sein Recht auf Einsübersein bewahren kann.

Weihnachten wird ja allgemein ein Fest der Liebe genannt, aber der echte Lifeman weiß, daß gerade das Schenken zu Weihnachten eine hübsche Gelegenheit ist, den Beschenkten ein bißchen in Verlegenheit zu versetzen. Eine wichtige Rolle spielte dabei wieder unser alter Bekannter Gattling-Fenn. Er machte sich allein damit sehr beliebt, daß er als guter Onkel den Kindern explodierende Würstchen mitbrachte, die bei denen ein begeistertes Gebrüll hervorriefen, worauf er sie plötzlich anherrschte, Mrs. Wilson zuliebe – einer mythischen Invaliden – nicht so einen Krach zu machen. Diese Masche wird inzwischen in unseren Lehrbüchern als ›Denkt an Mrs. Wilson‹-Methode erwähnt. Die Delikatheit der Technik Gattling-Fens beim Schenken wurde mir erst letztes Jahr so richtig bewußt. Wenn ich seine Grundsätze einmal zusammenfassen darf:

1. Jeder Beschenkte sollte das Gefühl haben, daß er etwas Besseres bekommt, als er Ihnen geschenkt hat.

2. Der Beschenkte muß das Gefühl bekommen, daß er Ihnen etwas geschenkt hat, das besser aussieht, als es ist.

3. Der Beschenkte soll das Gefühl haben, daß sein Ge-

schenk eine verborgene Kritik an seinem Charakter enthält.

Um bei diesem letzten Punkt zu bleiben: Einer ziemlich unscheinbaren, immer schlecht geschminkten Bekannten, die stolz von sich sagt, daß es ihr zu dumm sei, sich dauernd mit diesem Puderzeug abzutupfen, sollte man unbedingt einen Kosmetikkoffer schenken. Andererseits sollte man einer Bekannten, die unendlich stolz auf ihre makellose Schönheit ist, am besten eine Wärmflasche, einen biskuitfarbenen Shetland-Schal fürs Bett und dazu eine Büchse Gesundheitsnahrung aus dem Reformhaus schenken, das als leicht verdaulich gekennzeichnet ist.

Zu den sogenannten Erfolgstypen, die Potter außer acht gelassen hat, möchte ich folgendes anführen: Erfolgge- wohnten Männern könnte man potenzfördernde Ginseng- Wurzeln in einem silbernen Futteral schenken. Frauen, die sich gerne auf jugendlich zurechtmachen, aber über fünfzig sind, eine Schachtel mit der Pille schenken. Bekannte, die nur auf klassische Musik stehen, kann man durch Bayerische Volksmusik oder durch eine Gesamtaufnahme des Zigeunerbarons in tiefe Depression stürzen. Mordsfaule aber etwas kleinliche Freunde durch ein Trimm-dich-Fahrrad zu schweißtreibenden Kilometerleistungen zwingen, Malerfreunden mit dem Litho eines verhaßten Konkurrenten eine kleine Freude bereiten.

Auf der gleichen Linie liegt aber Potters Ratschlag für Geschenke für Bekannte, die sich gerne als viel jünger ausgeben und verbergen möchten, daß sie Brillenträger sind. Die bekommen natürlich ein Brillenetui oder, ganz besonders erfolgversprechend, einen kleinen *Du und ich*-Tonverstärker, brauchbar für jedermann über 25, der einer Konversation in einem überfüllten Raum zuhören möchte. Hier ist bereits viel Forschungsarbeit geleistet worden. Ein Modell-Dialog läuft beispielsweise so:

Lifeman (überreicht ein seltsam geformtes Päckchen):
»Fröhliche Weihnachten.«
Beschenkter Naivling: »Wie bitte?«
Lifeman: »Ich sagte, fröhliche Weihnachten. Das ist für
Sie.«
Beschenkter Naivling: »Oh, wirklich« (reißt die Ver-
packung auf). »Mein Gott, was ist das?«
Lifeman: »Gefällt es Ihnen?«
Beschenkter Naivling: »Ja, was ist es?«
Lifeman: »Probieren geht über Studieren. Sehen Sie
mal, stecken Sie dieses kleine Ding in Ihr Ohr. Es ist ein
Geräuschverstärker.«
Beschenkter Naivling: »Wozu braucht man ihn?«
Lifeman: »Er verstärkt den Ton. Wenn es in einem
überfüllten Raum zu laut zugeht und man Hörschwie-
rigkeiten hat, steckt man sich nur dies ins Ohr und trägt
die Batterie in seinem Knopfloch, sehen Sie? Lassen Sie
mich mal... es ist keine echte Nelke, nur eine künst-
liche... und wenn Sie auch nur die geringsten Hörpro-
bleme haben...«
Beschenkter Naivling: »Aber ich bin gar nicht...«
Lifeman: »Natürlich sind Sie nicht. Natürlich nicht.
Aber jeder über 25 findet es wirklich schwierig, in einem
vollen Raum zu hören. Natürlich sind Sie nicht taub.
Hier. Lassen Sie mich mal durch die Sprechmuschel zu
Ihnen sprechen (nun zitieren Sie ein Gedicht und zwar
sehr laut, wenn auch haarscharf am Mikrofon der
Sprechmuschel vorbei):
»There was a boy, ye knew him once
Ye cliffs and islands of Winander«
Beschenkter Naivling: »Von was?«
Lifeman: »WINANDER. Wundervoll, nicht wahr?«
Beschenkter Naivling: »Vielen Dank...«

Um dem anderen immer voraus zu sein, muß man
schnell reagieren und das Geschenk für den, der einem
etwas geschenkt hat, sofort, nachdem man seines erhal-

ten hat, einkaufen. Wenn Sie als Frau von einem Mann eine Handtasche bekommen haben, schenken Sie ihm einen Füller mit *eingravierten Initialen*, womit Sie ihm signalisieren, daß Ihr Geschenk persönlicher ist als seins und daß er sich beim nächsten Mal mehr Mühe geben könnte. Wenn jemand eine von diesen de Luxe-Ausgaben der Romane Jane Austens in einer Kassette schenkt, sollten Sie im Gegenzug sofort eine alte 19. Jahrhundert-Ausgabe eines George-Elliot-Romans kaufen und dadurch dem Jane-Austen-Schenker das Gefühl geben, daß er nur ein zwar bemühter, aber oberflächlicher Schenker ist, indem Sie noch schildern, wie Sie nach diesem Exemplar vier Jahre gesucht haben, denn es handele sich immerhin um die berühmte Bristol-Ausgabe, und als Sie schließlich vor sechs Monaten fündig wurden, wußten Sie sofort, daß er genau die Person sein würde, die dieses Geschenk zu würdigen wüßte. Irgendwie wird unserem Jane-Austen-Schenker dämmern, daß er zum Narren gehalten wird und Sie diese Ausgabe tatsächlich für nur wenig Geld bekommen haben.

In einem fortgeschrittenen Stadium können schlechte Beziehungen noch etwas verschlechtert werden, indem man sogenannte Gebrauchsgegenstände schenkt, wie etwa Scheren oder Schraubenzieher. Eminenten Kunstkritikern macht man gewiß eine Freude mit »Die besten zwanzig Meisterwerke der Welt in Öl«, alles in schlechten Farbreproduktionen.

Einem begeisterten Gärtner, der allerlei von der praktischen Gartenpflege versteht, könnte man eine Anthologie zum Thema Gartenblumen schenken, die auf eigentliche Blumen nur in den vagsten Wendungen Bezug nimmt und in der Frühlings- und Herbstblumen so erwähnt werden, als würden sie zur selben Jahreszeit blühen und umgekehrt.

Der eigenen Gattin macht man am besten ein Geschenk, das man sich am liebsten selbst gemacht hätte, zum Beispiel ein Buch über Golf, in der Hoffnung, daß Sie endlich mal den Schläger in die Hand nimmt.

Es macht sich immer gut, kostspielige Geschenke a) Bekannten zu machen, die sich einbilden, Ihnen finanziell zu helfen oder b) noch besser Bekannten, denen Sie Geld schuldig sind.

Jeder Untergebene sollte seinem Arbeitgeber etwas schenken, das wertvoller ist als das Geschenk, das er von ihm bekommen hat. Wenn Sie der Empfänger eines offensichtlichen Nietengeschenkes, wie etwa eines billigen China-Tabletts, sind, und der Spender besucht Sie zu einer Dinner-Einladung, dann können Sie sich schadlos halten, indem Sie sein Geschenk ostentativ in die Mitte plazieren, umringt von Ihrem eigenen kostbaren Geschirr.

Wenn Sie der Boss sind, erscheint es ratsam, Ihren Angestellten einen Kalender zu schenken, der aus einer Eule besteht, versehen mit kleinen Nummern, die jeden Tag weiterbewegt werden können. Wunder lassen sich bewirken mit einem echt bemalten Tablett, von dem ein Griff so oft abgebrochen ist, daß er nur noch aus Gips besteht und schon nach der ersten Stunde durch sein eigenes Gewicht zu Boden fällt. Nachdem der Griff zum zweitenmal abgefallen ist, können Sie zu dem Beschenkten ziemlich scharf bemerken: ›Ja, ich fürchte, es stammt noch aus einer Zeit, als Massenproduktion unbekannt war.‹

Mir ist eine große Ehre zuteil geworden, denn ich bin in die höchste Klasse versetzt worden, ins Superman-Seminar.

Jetzt heißt es arbeiten, denn es gilt, die Krone zu ergattern, die Berechtigung, das Potter-System zu lehren.

Pottern
heute – hier und jetzt

Von: Frieder Birnseif, Prof. Dr. pot

Ich habe es geschafft! Ich wurde als Masterpotter in die Meisterklasse aufgenommen und darf nun selber als Professor Dr. pot forschen und lehren.

12. Oktober: Heute fand mein erstes Seminar statt. Als ich den gemütlichen Salon betrat, wo es stattfinden sollte, hatte ich, ehrlich gesagt, einen ziemlichen Bammel. Nach der gründlichen Lektüre des Reports über andere Seminare wußte ich, das würde kein Zuckerlecken: Jeder neue Lehrer mußte sich seiner Haut erwehren. Vom ersten Schritt in den Salon an würden sie versuchen, mich kleinzukriegen, bevor es mir mit Gottes Hilfe gelingen würde, sie kleinzukriegen. Also der ewige Kleinkrieg zwischen Schüler und Lehrer. Eine gewisse Spannung bemächtigte sich meiner: Wie würden sie es versuchen? Die Antwort auf diese Frage ließ nicht lange auf sich warten.

Ich hatte damit gerechnet, daß mir sämtliche acht Teilnehmer, in irgendwelche Aktivitäten verstrickt, bei meinem Eintreten ostentativ den Rücken zukehren würden. Vielleicht spielten zwei eine Partie Schach, die anderen schauten zu, und mir wäre dann nur der alte Konterschlag übriggeblieben: »Verzeihen Sie die Störung, ich habe mich wohl im Raum geirrt, ich suche das Oberseminar von Prof. Birnseif.« Damit hätte ich mich wieder zurückgezogen und sie in einiger Verwirrung zurückgelassen. Sie aber durchkreuzten jetzt meine Rechung. Alle Teilnehmer – sie saßen in einem Halbkreis verteilt – starrten mich mit ausdruckslosen Gesichtern an, vielmehr, sie starrten auf meinen Hosenschlitz, ein beliebter, von allen Lehrern auf Schloß Bahlenberg gefürchteter Eröffnungszug.

Immerhin ließ ich mich nicht zu einer Kurzschlußreaktion – Griff in die bewußte Richtung – verleiten. Es konnte ja immerhin sein, daß der Hosenschlitz tatsächlich offenstand, was ich aber coram publicum nicht feststellen konnte. Mir blieb nur die Flucht nach vorn, und ich versagte ihnen das Vergnügen, mich bei einer Handbewegung in die bewußte Richtung zu erwischen. Ich lächelte sie reihum an und sagte dann: »Ich war, ehrlich gesagt, einigermaßen gespannt, welche der vielen Eröffnungen Sie wählen würden. Sie haben sich also für die alt-ehrwürdige Wallerstein-Eröffnung entschieden, ich brauche Ihnen wohl nicht zu sagen, wer Wallerstein war?«

Ich blickte, Bestätigung suchend, in die Runde und fand nur verlegene Gesichter. »Erik Wallerstein gehört zu den Gründungsvätern von Schloß Bahlenberg, er wurde zum Ehrenmitglied ernannt und ist Träger der Silbernen Nadel, er hat den ›Hosenschlitz-Blick‹ 1973 erfunden und zum ersten Mal angewendet und den damaligen Kursleiter damit tatsächlich aus dem Raum getrieben. Der verschaffte sich aber Achtung, indem er zum nächsten Seminar in einem Schottenrock erschien, was in die Rubrik fällt: Den anderen den Wind aus den Segeln nehmen.«

»Dennoch«, sagte ich und legte eine Kunstpause ein, »ist die Wallerstein-Variante weit entfernt von der guten englischen Art und hätte gewiß nicht seinen« – dabei deutete ich auf das Bild unseres großen Vorbilds an der Wand – »Beifall gefunden. Ein Gentleman würde einen Blick unter die Gürtellinie für unschicklich halten.«

Einige Teilnehmer, vor allem die jungen Frauen, senkten beschämt ihre Häupter. Ich ließ ihre für mich günstige Verlegenheit wirken und wandte mich der direkt vor mir sitzenden Barbara zu: »Mit welchem Zug würden Sie einen weiblichen Kursleiter begrüßen?«

Die attraktive Barbara dachte nach: »Frauen lassen sich

leicht verunsichern, indem man ihnen suggeriert, daß sie zuviel Parfüm benutzt haben und dann auch noch eines, das nicht zu ihnen paßt. Da genügt schon ein kurzes Zurückweisen, ein verstohlener Griff an die Nase, ein Gang zum Fenster, um etwas bessere Luft in den Raum zu lassen, vielleicht könnte noch einer der Teilnehmer auf eine schwere Parfüm-Allergie hinweisen... Frauen sind im allgemeinen nur durch andere Frauen, am nachhaltigsten durch ihre besten Freundinnen, zu verunsichern. Da genügt ein wohlgemeintes Von-Frau-zu-Frau-Gespräch, in dem ihr die gute Freundin klarmacht, daß sie die grundfalsche Frisur tragen würde, ihr Make-up unmöglich sei, sie immer die falschen hellen Farben bevorzuge statt der dunklen, für ihre Figur vorteilhaften, daß sie diese Schuhe nun wirklich mal ausrangieren sollte, na und so manches andere, alles unter der Firmierung: Sonst sagt dir ja keiner so was, so was kann dir nur deine beste Freundin sagen.«

Ich hatte als erstes Thema Umgangs- und Verkehrsformen gewählt, und zwar, wie ich betonte, im Licht der Erkenntnisse, die die Potter-Forschung inzwischen gewonnen hatte. Ich bat um rege Teilnahme. Als erster meldete sich der korpulente Bernhard:

»Ich kann folgendes Beispiel beisteuern, ich bin nämlich an einen ganz ausgekochten One-up-Typen geraten, als ich neulich ein paar Tage in Berlin war. Auf gut Glück rief ich einen alten Freund, Rudi D., an. Der zeigte sich auch aufrichtig erfreut, mich mal wiederzusehen, und lud mich zum Tee am folgenden Mittwoch ein; wir einigten uns auf halb fünf. Vielleicht sollte ich hier einfügen, daß Rudi D. in seinem Beruf eine gewisse Prominenz erreicht hat und ein vielbegehrter und beschäftigter Mann ist. Gleichviel, ich war ziemlich pünktlich, eigentlich überpünktlich, und drehte darum noch eine Runde um den Block. Als ich dann schließlich an seiner Gartentür klingelte, wurde mir erst nach fünfmaligem Klingeln geöffnet. Vor mir stand – ich hatte mein Begrüßungslächeln aufgesetzt – eine ausländische Reinemachefrau, die mich in etwas unzulänglichem

Deutsch und ziemlich mißtrauisch nach meinen Wünschen fragte.

Ich nannte meinen Wunsch, worauf sie die Haustür vor meiner Nase ins Schloß fallen ließ. Es dauerte eine Weile, bis sie wieder auftauchte und mich, eher widerwillig, einließ. In der Diele wurde ich von meinem alten Freund empfangen. Er war in eine Art Schlafrock gekleidet und schien erfreut, mich zu sehen, wenn auch einigermaßen überrascht. Offensichtlich hatte er seine Einladung total vergessen, zumindest tat er so, oder er hatte mich schon gestern erwartet oder war ganz sicher, daß es sich nicht um diesen Donnerstag handeln würde, sondern erst um den nächsten. Nun kam ich ihm auch noch ziemlich ungelegen, offenbar ging an diesem Nachmittag bei ihm alles drunter und drüber, wofür er um Nachsicht bat. Er ließ mir einen Tee und dazu ein paar harte Plätzchen servieren und widmete sich nun ganz diversen Telefongesprächen, seiner Post, und so, als erwarte er jede Minute den Besuch einer neuen Liebe. Als ich mich schließlich verabschiedete, bat er um Entschuldigung, daß er mich aus Zeitgründen nicht zur nächsten U-Bahn bringen könne, er zeigte mir aber wenigstens von der Gartentür aus den Weg dorthin.«

Nachdem wir diesen Fall durchdacht hatten, waren wir uns nicht sicher, ob es sich wirklich um einen Fall von Potterei handeln würde oder um einen ganz gewöhnlichen Fall von unverschämter Gleichgültigkeit. Bernhard meldete sich noch einmal zu Wort: »Das Dumme an der Geschichte ist, und wird ein ungelöstes Rätsel bleiben: Was, wenn ich mich wirklich im Termin geirrt haben sollte?«

Alf war während Bernhards Erzählung unruhig auf seinem Stuhl herumgerutscht. »Mir hat dieses Beispiel gut gefallen, aber darf ich ein eigenes Beispiel anführen, daß dieses Beispiel ein wenig relativiert? – Ich war von einem Kollegen in Washington...«

»D. C.?« erkundigte sich Sabine.

Alf nickte nur knapp und fuhr fort, »... eingeladen, ein paar Tage bei ihm zu wohnen. Ich sollte ihn nach meiner

Ankunft am Flughafen gleich anrufen. Das tat ich auch, etwa um neun Uhr morgens. Er meldete sich etwas schlaftrunken, erinnerte sich nach einer Weile an meinen Besuch und gab mir dann den Rat, mit einem Taxi zu ihm zu kommen. Als ich eine halbe Stunde später vor seinem etwas abseits gelegenen Haus mit zwei schweren Koffern stand und klingelte, machte niemand auf. Das Haus wirkte verlassen. Ich klingelte und hämmerte abwechselnd und rief mir die Lunge aus dem Halse. Nichts. Ich schleppte schließlich meine Koffer zu einer mindestens eine Meile entfernten Telefonzelle. Er meldete sich nach einer noch längeren Weile als beim ersten Mal. Er sei noch mal ins Bett gegangen und fest eingeschlafen. Wir könnten jetzt zusammen frühstücken.«

Wir fanden alle, das sei ein starkes Beispiel. Keinem von uns fiel ein Konter-Beispiel dazu ein.

Als Thema für unsere nächste Seminarstunde hatte ich ein denkbar einfaches, in Wirklichkeit sehr kompliziertes Sujet gewählt: die Begrüßung.

»Fangen wir doch mal gleich bei den Handverweigerern an«, schlug ich vor. »Es sind zumeist Menschen, die sich in angelsächsischen Ländern umgetan haben und das auch zeigen wollen. Dort ist ja das Shakehand auf ein Mindestmaß reduziert. Es gibt auch Handverweigerer aus hygienischen Gründen. Grundsätzlich läßt sich folgende Behauptung wagen: Während die Zahl derer, die sehr schnell zum ›Du‹ übergehen, im Zunehmen begriffen ist, scheint die Zahl der Handschüttler im Abnehmen begriffen zu sein. Unvermindert hoch, ja eher am Zunehmen ist die Zahl der Um-den-Hals-Faller, der Umarmer und Küßchen-hier-Küßchen-da-People, wenn auch vornehmlich in Theater- und Galeriekreisen.«

Ich trank einen Schluck Wasser und setzte meine Darlegungen fort. »Der eingefleischte Handverweigerer behält nach englischer Sitte seine Hand in der Hosentasche. Sein Gegenstück ist der Handgrapscher und Schüttler, der es einfach nicht ertragen kann, nicht möglichst viele Hände zu schütteln, wobei wir die Stärke des Händedrucks, die schon so manchen schmerzhaft aufschreiend zu Boden gehen ließ, mal außen vor lassen wollen. Natürlich spielen bei der Art der Begrüßung einige Faktoren eine Rolle: Nähe der Beziehung. Ort der Begegnung. Für uns von besonderem Interesse ist natürlich das Nicht-Grüßen, also das sogenannte ›Schneiden‹, oder die Variante: den anderen starr anblicken, ihn dadurch zum Grüßen veranlassen, dann aber durch ihn hindurchsehen. Ganz allgemein können wir davon ausgehen: Wer den anderen zuerst grüßt, ist der Dumme. Auf geselligen Gelegenheiten, Parties, Vernissagen, Theaterpausen kommt es sehr auf den ›Attention span‹ an. Die meisten von Ihnen werden wissen, was das ist... ja, Monika?«

»Das sind die Sekunden, im höchsten Fall Minuten, die ein Prominenter einem weniger Prominenten gewährt. Man kann das zum Beispiel bei der Frankfurter Buchmesse besonders schön beobachten. Gewisse Verleger, aber auch berühmte Autoren können sich auf ein inneres Uhrwerk verlassen, das ihnen haargenau sagt, ob der andere auch nur einen Blick wert ist und in welcher Rekordzeit man ihn abschütteln muß, weil direkt hinter ihm ein wichtigerer, vielleicht ein gefährlicher Kritiker aufgetaucht ist.«

»Danke, Monika, das war vortrefflich beobachtet. Ich bitte um weitere Beiträge. Ja, Caroline?«

»Ich glaube, wir sollten einmal herausarbeiten, was den Potter-Menschen vom Normalmenschen unterscheidet.«

»Danke für diesen wertvollen Hinweis. Einige Punkte wurden schon erwähnt. Ich möchte diesen Punkt herausheben, sozusagen wie ein ehernes Gesetz: Bei der Straßenbegegnung hat der schon verloren, der den anderen womöglich noch mit seinem Titel, in jedem Fall mit einem vorangestellten ›Herr‹ begrüßt. Kommen wir noch mal auf eine gesellschaftliche Zusammenkunft zurück: Mal angenommen, zwei kommen ins Plaudern, haben sich einiges zu sagen, aber nicht zuviel – worauf muß jeder der beiden haargenau achten? Ja, Herbert?«

»Wer immer den anderen mit einer flauen Entschuldigung – muß mir mal eben einen Wein besorgen – stehenläßt, und wenn er dem anderen nur um eine Sekunde zuvorkommt, hat gewonnen.«

»Ja, Bob, ein Beispiel aus der Heimat des Potterns?«

»Also, in England bricht der Unterrangige das Gespräch ab, weil eine längere sprachliche Inanspruchnahme des anderen für ihn eine Zumutung wäre. In dieser Einsicht steckt natürlich eine gewisse Größe.«

»Was können wir von unseren großen Lehrmeistern, den Engländern, lernen?« fragte ich und gab dann selbst die Antwort: »Distanz. Der echte Pottermensch ist ein eingefleischter Konservativer, dem dieser Trend zur Intimität schon immer ein Greuel war. Er wird eher zu spät als zu früh grüßen, er wird angedeutete Umarmungen durch ein geschicktes Wegtauchen vermeiden, er wird sich eher einen Stoppelbart wachsen lassen, als sich diesen entsetzlichen Wangenküssen auszusetzen, er wird ihm zudringlich entgegengestreckte Hände geflissentlich übersehen, bei einem aufgedrängten ›Du‹ hartnäckig beim ›Sie‹ bleiben und ganz sicher die Tradition des Handkusses weiter pflegen. Dabei aber nie unschicklich die Hand der Dame an seinen Mund reißen, sondern sich zu ihrer Hand hinabbeugen, ihren Handrücken nicht mit seinen Lippen berühren, aber auch nicht ganz raffiniert sich selbst einen Handkuß geben, er wird den Handkuß nie im Freien ausüben und ihn nur verheirateten Damen applizieren. –

Und wie wehrt man sich gegen die furchtbaren Zeitgenossen, die einem ihre Hand auf die Schulter legen oder einen am Revers packen? Ja, bitte, Bernd?«

»Indem man den winzigen Moment abpaßt, wenn sie notgedrungen ihre Hand dazu benutzen, um sich eine Zigarette anzuzünden oder sich die Nase zu putzen, und die Stelle, wo eben noch ihre Hand lag, mit einem Taschentuch gründlich säubert. Man kann sie natürlich auch mitten im Gespräch einfach entfernen und sie gewissermaßen ihrem Eigentümer zurückgeben.«

Wir widmeten uns nunmehr dem neuen Thema Doktorspiele und begannen mit der Allgemeinen Verunsicherung oder: wie man unter allen Umständen das Heft in der Hand behält. Ich kam sofort zur Sache und fragte: »Wodurch kann man seine Mitmenschen am leichtesten aus der Fassung bringen?« Während meine Seminarteilnehmer noch grübelten, schoß ich auf Niko los: »Niko, ist irgend etwas mit Ihnen?«

Er, verwirrt: »Nein, wieso?«

»Ich meine ja nur. Ihr Aussehen gefällt mir heute gar nicht. Schlecht geschlafen? Sorgen? Überarbeitet?«

»Nun ja, von allem ein wenig...«

Niko erbleichte und sah nun wirklich nicht gut aus. Ich trat ein paar Schritte zurück: »Die einfachste Methode, täglich auf der ganzen Welt millionenfach angewandt, immer sehr wirksam, man könnte es das Gesundheitsspiel nennen. Ich bitte um analoge Beispiele, Gudrun?«

»Man könnte dem anderen nach der Begrüßung sehr gründlich und besorgt tief in die Augen schauen und dann sagen: ›Geht es dir gut, ich meine wirklich gut? Da ist so ein Flackern in deinen Augen, und dann deine Hand, wie du mir gerade die Hand gegeben hast, ganz heiß, verschwitzt, ich will dich wirklich nicht beunruhigen, schließlich bin ich kein ausgebildeter Arzt, nur vier Semester Medizin studiert ... wann hattest du übrigens deine letzte Generaluntersuchung?‹«

Bob brachte diese Variante: »Ich sage zu ihm oder ihr: ›Heute siehst du wieder ganz normal aus, viel besser als neulich, da sahst du so ausgemergelt aus, da dachte ich schon, na ja, was man so denkt, wenn einer plötzlich so eingeschrumpft ist...‹«

»Gut, das genügt wohl, Sie haben begriffen, was gemeint ist: Es geht darum, vor Gesundheit strotzende Bekannte soweit zu kriegen, daß sie spornstreichs die nächste

Klinik aufsuchen, um sich dort ein EKG machen zu lassen, ihren Cholesterin-Spiegel überprüfen zu lassen etc.«

Bini schlug vor, sich nach den sportlichen Aktivitäten zu erkundigen. »Da hat man zwei Trümpfe in der Hand, entweder muß er passen, nicht mal ein bißchen Morgengymnastik, kein Schwimmen, nichts, dann genügt es, bekümmert den Kopf zu schütteln und vielleicht noch darauf zu bestehen, sich öfter mal zu sehen, weil ja jedesmal das letzte Mal sein könnte, oder er brüstet sich mit seinen Jogging-Aktivitäten, dann fallen einem sofort drei Fälle von Bekannten aus jüngster Zeit ein, die während des Joggens von einem Herzinfarkt dahingerafft wurden.«

Es kamen, in ungeordneter Reihenfolge, noch folgende Vorschläge: »Ich würde bei diesen Befunden unbedingt einen zweiten Arzt hinzuziehen, ach, haben Sie schon, also dann einen dritten.«

»Diese Ärzte sind doch alles Beutelschneider und Quacksalber, wie heißt denn Ihr Arzt? Brandsalber? Nie gehört. Wissen Sie, ich bin noch vom alten Schlage, mir arbeitet die moderne Medizin zuviel mit Technik, ich schwöre auf meinen alten Hausarzt, der noch Hausbesuche macht. Dabei kommt er kaum noch die Treppen hoch, aber wenn er endlich schnaufend an meinem Bett steht, dann ist er eben voll und ganz für seine Patienten da.«

»Mein Dr. Klaus hat eine Warteliste von zwei Jahren, ich kann mal sehen, ob ich da was für Sie tun kann.«

»Wie heißt denn Ihr Zahnarzt? Dr. Plemm? Um Himmels willen, das ist doch der, der meiner Mutter das ganze Gebiß vermasselt hat!«

»Sie atmen völlig falsch. Darf ich Ihnen mal vormachen, wie Sie atmen? So ganz aus dem Bauch. Das verkrampft ungemein. Ich zeige Ihnen mal, wie Sie atmen müssen. So, ja, so etwa, ganz aus den Flanken. Überhaupt müssen Sie Ihre Körperhaltung ändern, vor allem Ihren Gang. Wissen Sie, wie Sie gehen? So gehen Sie. Und jetzt will ich Ihnen mal zeigen, wie Sie gehen müssen – das ist die Müller-Seitel-Methode!«

Oder, als Schlafspezialist: »Zeigen Sie mir mal, wie Sie im Bett liegen. Aha. Das habe ich mir gedacht. So können Sie doch gar nicht schlafen. Davon kommt doch das alles bei Ihnen. So müssen Sie im Bett liegen, ich zeige es Ihnen mal, ja, in der Säuglingsposition mit angezogenen Knien. Sie werden sehen, schon in ein paar Wochen tritt eine deutliche Besserung ein.«

»Versuchen Sie es doch mal mit autogenem Training. Sie müssen sich einfach in Ihr Brahma versenken. An nichts denken, täglich eine Stunde Meditation, das ist es. Nehmen Sie sich jeden Tag eine Viertelstunde Zeit, um auf dem Kopf zu stehen. Sie werden sehen, Sie werden ein ganz anderer Mensch sein.«

»Sie müssen sich total auf Ihren kleinen rechten Finger konzentrieren, morgens und abends eine Viertelstunde, das wirkt einfach Wunder.«

Zur allgemeinen Entspannung fügte ich an dieser Stelle einen How-to oder Wie-man-Schnellkurs ein:

»Erstens: Wie verunsichert man Witzeerzähler?

Man unterbricht ihn nach dem ersten Satz, indem man sagt: ›Jetzt bin ich wirklich gespannt, welche Version Sie kennen.‹ Man kann sich die Pointe noch einmal erklären lassen, und versteht sie dann immer noch nicht.

Vor der Pointe lauthals loslachen.

Nach der Pointe ausdruckslos blicken, als ob sie noch käme. ›Ich kannte den Witz, aber Sie haben ihn besonders gut erzählt.‹ ›Ich kenne noch eine andere Pointe, die geht so: Ein Mann geht über die Straße...‹

Zweitens: Wie verunsichert man TV-Prominente?

Man wird einem Prominenten vorgestellt und fragt sofort: ›Ich kenne Sie irgendwoher, helfen Sie mir bitte auf die Sprünge.‹ Dagegen gibt es nur ein Contra: Der Prominente gibt sich für einen anderen Prominenten aus.

›Ich habe Ihr *Mit Messer und Gabel* gelesen, oh, Pardon, sind Sie nicht Wolfram Siebeck?‹

›Ich habe neulich Ihren Bruckner gehört, ach, Sie sind der Politiker Dohnanyi, nicht der Dirigent.‹

›Gottschalck? Mit k oder mit ck hinten?‹«

Meine Seminarteilnehmer hatten über die Mittagspause Zeit gefunden, sich noch ein paar wirkungsvolle Treffer zum Thema: Wie man kerngesunde Mitmenschen in tiefe Zweifel stürzen kann, einfallen zu lassen. Hier eine Folge von Beispielen:

»Gegen Ischias soll es jetzt ein neues Medikament in Amerika geben. Sinoform, ist hier noch völlig unbekannt, ich könnte es Ihnen aber beschaffen...«

»Du wiegst zuviel, wann hast du dein letztes EKG machen lassen, ich meine, noch dazu in deinem Alter, da erwischt es so manchen, mein Bruder zum Beispiel...«

»Das wievielte Glas ist das heute schon? Ist der Alkoholismus bei Ihnen erblich?«

»Ich würde in dieser Gegend nicht so viel Wasser trinken, das Wasser ist hier schwer gechlort.«

»Sie sollten mehr trinken, mindestens zwei Liter am Tag, das brauchen Ihre Nieren.«

»Sie essen noch immer Fleisch? Wissen Sie nicht, daß zuviel Fleischkonsum so schädlich ist wie vierzig Zigaretten am Tag?«

Damit waren wir schon bei der Ernährung. Dazu fiel meinen Studenten folgendes ein:

»Auberginen? Wissen Sie denn nicht, daß Auberginen den Yin-Faktor haben, also praktisch so giftig wie Zyankali sind?«

»Blumenkohl? Nein, danke, ich bin gerade auf Trennkost, da ist Blumenkohl streng untersagt.«

»Danke«, schaltete ich mich wieder ein, »das dürfte genügen, die Palette an Möglichkeiten auf diesem Sektor ist praktisch unbegrenzt. Noch ein paar kleine Quickies, wie man mühelos Freunde und Bekannte etwas aus der Balance bringen kann?«

»Indem man ihnen bei einem Abendessen ungefragt die eigene Brille zur Lektüre der Speisekarte anbietet.«

»Indem man sie auf der Straße überholt, einen kleinen Bogen um sie macht, als müsse man sich vor ihren ausladenden Gesten schützen.«

»Indem man die andern schon vor kleinsten Steigungen warnt und sie dabei hilfreich beim Arm nimmt, um sie zu stützen. ›Sie sollten sich in Ihrem Alter‹, der Betreffende ist nicht mal sechzig, ›nicht zuviel zumuten, der Herzinfarkt liegt überall auf der Lauer!‹«

Gunhild erfreute uns mit folgendem Schlußbeispiel:

»Mein Onkel Ferdinand ließ bei einem Besuch bei den Gallwitzens in einem unbeobachteten Moment alle drei Wellensittiche aus dem Käfig ins Freie fliegen, wo sie noch eine Weile in den Bäumen zu sehen waren, bis sie auf Nimmerwiedersehen verschwanden. Bei den Gallwitzens durfte sich Onkel Ferdinand nie mehr blickenlassen, aber sein Ruf, ein großer Tierfreund zu sein, war damit für alle Zeiten gefestigt.«

Nach einer Pause setzten wir unser Seminar fort. Als Thema hatte ich Fliegen gewählt und stellte gleich zu Beginn die Frage: »Wie kann man seine Mitpassagiere in Panik versetzen und sich selber dabei gehörig zur Geltung bringen?« Die Teilnahme war äußerst lebhaft. Ich gebe der Einfachheit halber die Antworten ungeordnet wieder...

»Man könnte dem Nachbarn versichern, daß er zur Zwischenlandung in Eschnapur eine besondere Landeerlaubnis benötigt, sonst würde er postwendend mit der nächsten Maschine zurückgeschickt.«

»Ach, Sie wissen nicht, daß die hinteren Reihen bei Abstürzen besonders gefährdet sind?«

»Ich war im Krieg Jagdflieger, unsere Maschine hat schon so manches Jährchen auf dem Buckel, da muß man mit allem rechnen.«

»Diese Funken an der rechten Tragfläche verheißen nichts Gutes.«

»Nach meinen letzten Wetterinformationen könnte es über Labrador etwas wackelig werden.«

»Die Kennkarte genügt in Costa Rica nicht, wo haben Sie denn Ihren Pass gelassen?«

»In Indonesien brauchen Sie nicht nur eine Impfbestätigung gegen Cholera, sondern auch eine gegen Beulenpest, sehen Sie mal, so sieht die aus, hat man Ihnen das in Ihrem Reisebüro nicht gesagt?«

»Ich würde lieber den Gurt anschnallen, die Stewardessen wirken ziemlich nervös.«

»Wo haben Sie denn den zweiten Flugschein, oh, das ist aber eine dumme Sache...«

»Diese Landezeit kann nicht stimmen, nachts ist der Flugplatz von Perth geschlossen.«

»Warum haben Sie nicht den Superspartarif genommen, Sie hätten mindestens die Hälfte weniger bezahlt.«

»Ich würde an Ihrer Stelle nicht mit Delta fliegen, da ist doch erst kürzlich diese Katastrophe bei Atlanta passiert.«

»Ich statte mal dem Kapitän im Cockpit einen kleinen Besuch ab – ist ein alter Kumpel von mir –, und lasse mich von ihm über die wahre Fluglage informieren.«

Das falsche Lob

Ich streifte kurz ein sehr wirksames Erziehungsmittel, um seine Mitmenschen zu bessern: das falsche Lob.

»Wie kann man Geizkrägen dazu bringen, jede Zeche zu zahlen?« fragte ich. Als sich niemand sofort zu einer Antwort bereit fand, sagte ich: »Indem man sie unentwegt für ihre Großzügigkeit lobt und entsprechend negativ abschreckende Beispiele aus dem gemeinsamen Bekanntenkreis – ›Rudi stirbt vor Geiz, der läßt den anderen sogar eine Tasse Kaffee zahlen‹ erwähnt. Weitere Beispiele? Manfred?«

»Ich lobe meine Freundin, die notorisch unpünktlich ist,

stets wegen ihrer Pünktlichkeit, seitdem verspätet sie sich nur noch um höchstens eine halbe Stunde.«

Man hatte mich also verstanden. Die weiteren Beispiele drehten sich um Ordentlichkeit, Sauberkeit, Ehrlichkeit und ähnliche Tugenden.

Wie Urlaubsheimkehrer pottern

12. November: Es war die erste Seminarstunde nach den großen Ferien, und ich kam gleich zur Sache: »Welche Menschen gehen einem jetzt besonders auf die Nerven? Das sind natürlich die unerträglichen Urlaubsheimkehrer mit ihren zum Sterben langweiligen Histörchen und grauenhaften Dias und Videofilmen...«, mein Blick fiel auf Barbara: »Barbara, nanu, so blaß, nicht weg gewesen?« Sie sah mich spöttisch, geradezu herablassend an:

»Ich mache nie Urlaub, wenn alle Urlaub machen, ich gehöre nicht zu den Angestellten mit Kindern, außerdem habe ich noch nie zu denen gehört, die mit ihrer ordinären Bräune protzen.«

»Gut gekontert«, lobte ich sie. »Was kann man gegen die Urlauber ausrichten, die immer im Urlaub strahlenden Sonnenschein haben und dazu mindestens zwanzig Grad Wassertemperatur, Meike?«

»Man kann ihnen das ein für alle Mal abgewöhnen, indem man ihre Wetter-Behauptung mit der Fernseh-Wetterkarte täglich genau kontrolliert und darüber Buch führt. Dann kann man sie leicht kontern, indem man ihnen genau die Tage nennt, wann es bei ihnen nur so geschüttet haben muß, natürlich ohne jede Häme, in bedauerndem Ton.«

»Wie kann man ihre langweiligen Geschichten zupottern, Alf?«

»Durch interessante Geschichten anderer Leute.«

»Zum Beispiel?«

Bob: »Klostendorfs durften als Ehrengäste an einer echt balinesischen Hochzeit teilnehmen, mitten im Urwald. Es sei so ergreifend gewesen, eine ganz fremde Welt, in die man da eindringt.«

Gina: »Horstmanns haben auf Alaska einen streng geheimen Winkel entdeckt, der total touristenfrei ist.«

Lisa: »Julia und Jens hatten auf der Isle of Man ein tolles Erlebnis: Als sie zufällig ein Andenkengeschäft betraten, wer stand da ganz lässig? Michael Caine in Person. Sie verbrachten dann einen ganz reizenden Abend mit ihm.«

Freddy: »Andy und Sabine durchquerten die Anden mit einer Puffpuff-Bahn, wurden für Spione gehalten, mußten zwei Nächte in der stinkenden Zelle einer Polizeiwache verbringen, aber natürlich genossen sie das Ganze als großes Abenteuer.«

Aus der Fülle der Beispiele seien diese hier noch zur Auswahl erwähnt:

»Stolzes hatten für eine horrende Summe die Villa des berühmten englischen Dichters Stephen Spender in der Provence gemietet mit seiner wunderbaren Bibliothek. Dort trafen sie auch ganz zufällig Christopher Isherwood und Peter Ustinov.«

»Binzbergs sind mit ihrem Boot in der Biskaya beinahe gekentert, sie müssen echte Todesängste ausgestanden haben.«

Ich schlug vor, daß wir uns dem kulturellen und kulinarischen Aspekt zuwenden unter besonderer Berücksichtigung von Konterzügen. »Irgendwelche Vorschläge, Gina?«

»Man kann Urlaubsheimkehrern diese Nachurlaubs-Euphorie schon mal vermiesen, indem man sie nach Sehenswürdigkeiten fragt, die sie nun gerade nicht gesehen haben.«

»Beispiele, Fred?«

»Man könnte Provence-Heimkehrer fragen, ob die

herrlichen Felsengrotten am Mont de Cuveja wieder geöffnet sind, von denen sie natürlich noch nie gehört haben. Wenn das noch nicht reicht, sie auf Null zu bringen, können wir sie darum beneiden, daß sie in der Villa Fragonard in Grasse die Drei Grazien des Meisters sehen durften, unser Lieblingsbild, auch da wieder: Fehlanzeige. Wenn wir sie jetzt noch mit der Frage überfallen, ob sie nicht auch fänden, daß die aus dem 15. Jahrhundert stammende Sakristeitür an der Pfarrkirche Saint Sauvouer in Brignoles geradezu kriminell restauriert wurde, haben wir sie praktisch mundtot gemacht. Wenn wir aber unseren besonders grausamen Tag haben, können wir ihnen noch den absoluten Todesstoß versetzen, indem wir ganz harmlos fragen, wie ihnen die Cézanne-Bilder im Atelier des Meisters in Aix-en-Provence gefallen haben, wir fänden sie ganz schwach. Wenn sie dem zustimmen, sind sie als totale Ignoranten entlarvt, denn dort hängt nicht ein einziges Bild des Meisters.«

Wir Potterianer neigen nicht zur Häme und zur Schadenfreude, aber wir können zuweilen durchaus ein bißchen niederträchtig sein. So schlug der sonst eher harmlos wirkende Knut in dieselbe Kerbe mit seinem Beitrag:

»Wir hatten Bekannten den Tip gegeben, unseren Lieblingsfleck in der Provence zu besichtigen – den bezaubernden Rosengarten hinter der kleinen frühromantischen Kapelle bei Roquefort (wahlweise Boursin, Gervais oder Camembert). Als sie dann beschämt zugaben, dort nicht gewesen zu sein, konnten wir zum Gegenstoß ansetzen und von unserem Daheimgebliebenen-Urlaub schwärmen, wie gemütlich und ruhig es hier gewesen sei, welche kulturellen Ereignisse geboten worden sind und überhaupt: Daheim ist es doch immer noch am schönsten.«

»Gibt es für die von uns erniedrigten Urlaubsheimkehrer eine Kontermöglichkeit? Olga?«

»Nun, sie können allenfalls darauf beharren, daß es ihnen nicht um irgendwelche kulturellen Sehenswürdigkeiten geht, wie den meisten, sondern um Land und Leute,

um die Landschaft, um Stimmungen, Farben, ja und natürlich auch um kulinarische Genüsse.«

»Aber auch da können wir sie ganz schön ins Messer
laufen lassen, etwa indem wir... Alf?« Der nahm den
Faden sofort auf:

»Wir fassen uns ungläubig an die Stirn, wenn wir hören, daß sie in Dijon in diesem völlig überschätzten Drei-
Sterne-Schuppen gelandet sind, statt – wie wir ihnen geraten hätten – in Grenille, ein paar Kilometer abseits, bei
Maître Ornon dessen sagenhafte Fischsuppe zu essen. ›Sie
hätten nur den Namen Kötermann nennen müssen, dann
wäre ein strahlendes Lächeln über sein Gesicht gehuscht,
und er hätte für Sie persönlich ein Soufflé Bourgnon berei-
tet, ich sage Ihnen, délicieux!‹«

Gast und Gastgeber, Abt. Logierbesuch

13. November: Heute schlug ich das reizvolle Thema Lo-
gierbesuch vor. Jeder von uns war mal Gast, jeder schon mal
Gastgeber, da konnten wir also aus dem vollen schöpfen:

»Iris, wovon geht der Gastgeber aus, wenn der Gast,
eventuell einer aus seiner Familie, vor der Wohnungstür
steht?«

»Er kann einfach nicht begreifen, warum der gute
Freund oder Bekannte nicht ins Hotel gegangen ist.«

»Und wenn er ihn selber aufgefordert hat, bei ihm ein
paar Nächte zu verbringen?«

»Nichtsdestotrotz. Es hätte sich gehört, die Einladung
dankend abzulehnen.«

»Nun ist er aber da. Wie kann sich der Gastgeber aus der
mißlichen Affäre ziehen?«

»Er muß dem Gast das Leben so zur Hölle machen, daß
der nie wiederkommt.«

»Ein paar Ratschläge, Detlev?«

»Er muß dem Gast vom ersten Moment an zeigen, wer der Herr im Hause ist.«

»Wie stellt er das am besten an, Gina?«

»Er überreicht ihm eine Liste, wo alles genau verzeichnet ist, was er nicht tun darf. Das dürfte ihn schon mal gehörig einschüchtern. Außerdem vermittle ich ihm das Gefühl, daß hier bei mir peinlichste Sauberkeit angesagt ist. Darum gehe ich mit ihm schnurstracks ins Badezimmer und weise ihm sein Eckchen zu, wo er seine Utensilien unterbringen kann. Ich gebe ihm zu verstehen, daß er bitte peinlichst darauf achten soll, nicht unsere Zahnbürsten und Kämme zu verwechseln, desgleichen die Hand- und Badetücher. Ich tue so, als habe er nie davon gehört, daß man ein Badezimmer so verläßt, wie man es betreten hat. Ein kleiner Hinweis, doch bei Bedarf die dafür vorhandene Klospülung zu benutzen, sollte ihm nicht erspart bleiben.«

»Ja, Hans? Wie kann man ihm seine freudige Besuchsstimmung – ›Ich habe mich ja so darauf gefreut, bei dir ein paar Tage zu verbringen‹ – nehmen?«

»Also, da hätten wir schon mal die Schlüsselfrage. Wir geben ihm zu verstehen, daß diese Gegend etwas unsicher ist, nebenan ist erst kürzlich eingebrochen worden. Am besten wäre es, wenn die Wohnungstür zwei Schlösser hätte, der entsprechende Schlüsselbund aber viele, sich ziemlich gleichende Schlüssel. Vielleicht hat die Tür auch noch einen Riegel. Schön wäre es auch, wenn sich das Schloß nur mit einem Code öffnen ließe, dessen Ziffern der Gast auswendig lernen muß. Vergißt er ihn, kann er vor der Haustür übernachten.«

Gina meldete sich aufgeregt zu Wort: »Das läßt sich sowieso ohne weiteres erreichen. Ich bekam mal eine ganze Wohnung angeboten, mir war aber nicht gesagt worden, daß außer mir dort noch ein Untermieter wohnen würde. Der vergaß prompt, den Schlüssel von innen abzuziehen, und schlief im hintersten Teil der geräumigen Wohnung. Es war die ungemütlichste Nacht meines Lebens. So was kann man natürlich im Rahmen einer Gästevergraulung künstlich produzieren.«

Heiner riet dazu, die Überlegenheit des Gastgebers, die durchaus zur Tyrannei ausarten dürfe, auch in der Küche auszuprobieren. »Schon die Ankündigung, ich pflege ohne Frühstück aus dem Haus zu gehen, kann dem Gast, der sich auf ein ausgiebiges Frühstückspalaver mit dem Freund gefreut hat, den ganzen Appetit verderben. Auch ergeben sich in der Küche die allerbesten Einschüchterungsmöglichkeiten, vor allem, wenn man einen Gasherd hat. Kleine Anekdötchen von Vorgängern des Logierbesuchers, die fast einen gemeinsamen Flammentod herbeigeführt hätten, weil sie vergaßen, den Gasherd voll abzustellen, können Wunder wirken und den Besuch des Gastes um mindestens zwei Tage verkürzen. Bei Elektroherden dringend auf die Folgen einer durch Unachtsamkeit durchgebrannten Herdplatte verweisen.«

Ich bat um weitere Verhaltensmaßregeln für den Logiergast:

Robby empfahl, den Gast mit aller Bestimmtheit darauf hinzuweisen, die Bücher im Regal so stehen zu lassen, wie sie stehen, überhaupt möglichst nichts anzurühren, nichts herumliegen zu lassen, am besten sich nur in Hausschuhen zu bewegen, um das Parkett zu schonen. Nicht unnötig Licht brennen zu lassen, nicht zuviel Wasser zu verbrauchen, diesen Knopf am Fernseher nicht anzurühren, sonst geriete das ganze System durcheinander. Bitte nur Ortsgespräche führen (am besten die Drehscheibe mit einer kleinen Kette sichern), vor Verlassen der Wohnung nicht vergessen, die Jalousien herunterzulassen, den Heizungsknopf auf zwei stehen lassen, nie auf eins drehen! Wenn der Gast einige Stunden allein zu Hause war, sofort nach Rückkehr eine Schadenskontrolle durchführen. Gläser und Tassen zählen usw.

Soweit war ja alles schön und gut. Aber ist der Gast dem Gastgeber völlig wehrlos ausgeliefert? Wir untersuchten seine Möglichkeiten. Lisa meinte, das sei eine Frage der

Chuzpe. Der Gast habe immer die Möglichkeit, seinen Gastgeber auf Mängel im Haushalt aufmerksam zu machen: eine veraltete Fruchtsaftpresse etwa, kein für seine Gesundheit so wichtiger Honig vorhanden und: »Warum taut der Eisschrank so langsam auf?«

Tom ergänzte: »Er kann natürlich seinem Gastgeber gehörig auf den Wecker gehen, indem er etwa seine ganzen MCs und CDs total durcheinanderbringt. Oder indem er Dauergespräche führt, wobei schwer zu erkennen ist, ob sie lokal oder interkontinental sind. Er, in diesem Falle besser sie, kann auch Kleidungsstücke des Gastgebers bzw. der Gastgeberin anprobieren. Vielleicht heimlich ein paar Krawatten mitgehen lassen oder ein paar Bücher. Er kann sich auch ein bißchen der auf dem Schreibtisch liegenden Briefe annehmen oder sich in angefangene Manuskripte vertiefen und dem Verfasser gleich ein paar Änderungsvorschläge machen.« Babsi schlug vor, den Gastgeber zu bitten, woanders zu schlafen, weil in seinem Schlafzimmer der Fernseher stünde, der noch ein paar ganz wichtige Spätsendungen parat hielte.

»Damit sich der Gastgeber nicht unausgelastet fühlt, könnte man ihm eine Liste von Theater- und Opernaufführungen überreichen mit den entsprechenden Kartenwünschen. Das kann er seinem Gast doch nun wirklich nicht abschlagen.«

Fremdsprachen-Pottern

Meine Studenten waren auf das Thema gut vorbereitet. Knut zog eine Zeitung mit asiatischen Schriftzeichen aus der Innentasche seines Sakkos. »Japanisch?« fragten wir wie aus einem Munde. Er nickte selbstgefällig. »Ich trage sie meist ganz offen bei mir und verberge sie nur, wenn sich mir Japaner nähern. Ich lasse mir gerade eine Lokalzeitung aus Kyoto besorgen, mit den großen Zeitungen aus Tokio pottern kann schließlich heute jeder. Ich lese meine japanische Zeitung – übrigens habe ich auch burmesische und chinesische stets vorrätig – in der U-Bahn oder im Intercity. Man kann mich auch dabei beobachten, wie ich japanische Kreuzworträtsel löse oder über die Comics lächelnd den Kopf schüttele. Ein nettes Erlebnis hatte ich neulich auf dem Flug nach Madrid, als mein Nachbar um die Wochenend-Beilage des ›Shanghai-Expreß‹ bat, um dort einen ganz bestimmten Artikel zu suchen. Natürlich stellte sich bald heraus, daß es sich um einen alten Potterianer handelte.«

Ich ergänzte ihn: »Es müssen ja nicht immer außereuropäische Zeitungen sein, mit welchen europäischen sollte man sich, abgesehen natürlich von der ›Times‹, sehen lassen?«

»Wenn möglich ›El País‹.«

»Natürlich ›Le Monde‹.«

»›Republica‹ wäre auch nicht schlecht.«

»Ich ziehe den ›Independent‹ vor.«

Barbara trug als Beispiel einen Bekannten namens Charles bei, der sich gern in Film-Clubs sehen läßt, wenn dort exotische Filme in der Originalfassung ohne deutsche Untertitel gezeigt werden. An gewissen Stellen würde er, wenn es sich nicht gerade um eine Beisetzung handelte, völlig unmotiviert in schallendes oder glucksendes Gelächter ausbrechen. Oder er würde eine wohlfundierte Kritik an gewissen allzu freien Wendungen im Dialog anmelden, daß das Wort Talafa auf indonesisch sowohl Muschel als auch Vagina bedeuten würde...

Felix erwähnte eine Bekannte namens Agneta, die mit Vorliebe Vorträge ausländischer Koryphäen besuchte, die sich natürlich ihrer Heimatsprache bedienen würden. Sie verschmähten aber die zur Verfügung gestellten Kopfhörer mit Simultanübersetzung und folge dem Vortrag in, sagen wir portugiesisch, mit gespannter Aufmerksamkeit und mimischen Kommentaren. Als ich sie einmal auf ihre meines Wissens vorhandene Unkenntnis der betreffenden Sprache hinwies, erklärte sie, ihr genüge es, der Melodie dieser Sprache zu folgen, dem Klang der Worte könne sie mehr vom Inhalt entnehmen, als wenn sie die Sprache beherrschen würde.

Ich steuerte das Gespräch in eine andere Richtung: »Wie ist das mit der Aussprache von Städtenamen?«

»Ich sage schon immer Budapescht«, sagte Marga.

»Und ich Madrih und nicht, wie die Dümmlinge hier, Madrid.«

»Oder Barthelona statt Barcelona.«

»Für mich gibt es nur eine Stadt namens Firenze.«

»Und für mich nur Milano und Venezia.«

»Die Stadt Dochana spricht man natürlich korrekt Dochana und nicht Dochana aus! Es sei denn, man bedient sich des alten Namens Gilbenstadt.«

Das Reparatur-Spiel

Ich hatte einen Wordprozessor und ein Fernsehgerät aufstellen lassen und erklärte dazu: »Wir spielen heute das Reparatur-Spiel. Es ist die uralte Fehde zwischen Kunde und Fachmann, vergleichbar mit dem Patient- und Arzt-Spiel. Natürlich gehen wir davon aus, daß der Fachmann, also der Techniker, praktisch unbesiegbar ist. Zwar können wir ihm durch kleine Einwürfe zeigen, daß wir technisch auch nicht gerade auf den Kopf gefallen sind – ›Sie haben doch gewiß nicht übersehen...‹ –, es zahlt sich aber nie aus, die Kompetenz des Fachmanns in Frage zu stellen, ja, wir kommen besser weg, wenn wir den totalen technischen Idioten spielen, eine für die meisten von uns wohl leichte Rolle. Bob. Sie sind jetzt der Fachmann, der Ihnen das Gerät verkauft hat, das nun defekt ist. Wie reagieren Sie?«

»Ich prüfe erst mal sehr sorgfältig die Garantiekarte. Wenn die in Ordnung ist, beginne ich mit der Arbeit.«

»Die besteht darin, dem Kunden wegen unsachgemäßer Behandlung des Gerätes Schuldgefühle einzuflößen. Was hat der Kunde versäumt?«

»Die Gebrauchsanweisung gründlich zu studieren. Dann stelle ich ihm einige impertinente Fragen: Ob er das Gerät beim Transport fallen lassen hat? Ob er ihm beim Auspacken einen Schaden zugefügt habe? Hat er beim Aufstellen auf den Abstand zur Heizung geachtet? Auf den Abstand zur Wand? Stand das Gerät im Sonnenlicht? Wurde es der Feuchtigkeit ausgesetzt? Das sind natürlich alles nur Vor-Fragen, bis ich mich überhaupt am Gerät zu schaffen mache.«

»Sie öffnen also den Deckel des Geräts und... Kay?«

»Schüttele völlig entgeistert den Kopf, dann murmele ich vor mich hin: ›Herrje, was haben Sie nur mit dem Apparat gemacht?‹ Diese Frage allein bringt den Kunden auf Null. Ich deute nun unter Zuhilfenahme einschüchternder technischer Ausdrücke an, daß das Gerät fast unreparierbar ist, zumindest die Reparatur den Kunden, Garantie hin, Garantie her, eine Stange Geld kosten dürfte.

Verschärfen könnte ich seine Ängste durch den Ausruf, so ein Fall sei mir noch nie vorgekommen.«

»Man kann den Kunden auch leicht durch Fragen verunsichern wie: ›Haben Sie etwa die Rückwand abgeschraubt?‹ Oder: ›Sind Sie etwa an diesen Schalter gekommen bzw. haben Sie etwa diese Taste betätigt? Dann dürfen Sie sich allerdings nicht wundern!‹«

Und dann noch: »Aus welcher Höhe haben Sie das Gerät fallen lassen?«

Mit Prominenten pottern

Tagebuch

14. November: Ich hatte heute morgen das Promi-Spiel auf den Stundenplan gesetzt: »Entweder ist einer prominent, oder er möchte sich im Abglanz eines Prominenten schmücken. Dabei kommt es natürlich darauf an, wie prominent einer ist. Ein Verleger mag zum Beispiel in seinem Heimatdorf Köln oder München bekannt sein wie ein bunter Hund, aber schon in Kassel kennt ihn kein Aas. Ein Maler wie Anselm Kiefer ist in gewissen Kunstbezirken sehr prominent, sonst aber nirgends, weil er nicht TV-prominent ist. Auch gibt es eine permanente Prominenz, Stichwort Günter Grass, und eine Prominenz, die allmählich verfällt, Stichwort Boris Becker. Oder Julius Hackethal. Wer in einem Monat in drei Talkshows auf dem Bildschirm zu sehen ist, der ist prominent, fragt sich nur, wie lange.

Jetzt wollen wir mal einen kleinen Versuch starten, wie ein Potterianer die Bettritzen-Nähe zu einem Starprominenten unauffällig, aber unüberhörbar ins Spiel bringen kann.«

»Ich werde nie mehr erfahren, warum mich Andy Warhol zuletzt geschnitten hat. Konterschlag: Ich wußte gar nicht, daß ihr euch kennt, mir gegenüber hat er deinen Namen nie erwähnt.«

»Er (bzw. sie) hat mir anvertraut, daß es in ihrer Ehe Gott sei Dank wieder stimmt, sie schlafen sogar wieder zusammen.«

»Er ist ganz süß zu dem kleinen Ding, ein stolzer Papa, hätte man ihm gar nicht zugetraut.«

»Ich durfte den kleinen Benjamin neulich sogar eine ganze Weile im Arm halten, bei mir hat er nicht geschrien, sondern ganz glücklich gelächelt.«

»Weil ich ihn aufgrund seiner ersten Arbeiten ermuntert habe, kommt er trotz seines Weltruhms noch immer zu mir, um sich Rat zu holen.«

»Sie hätte wohl gern noch ein Kind von ihm, aber bitte, behalte das für dich.«

»Wenn man ganz allein mit ihm ist, dann öffnet er sich, dann ist er ganz anders, viel lockerer als auf dem Bildschirm.«

»Er hat noch eine Tochter aus erster Ehe, von der nie gesprochen wird.«

»Die Idee zu diesem Film stammt eigentlich von mir, aber was soll's, in Zukunft werde ich etwas vorsichtiger sein.«

»Mir hat er seinen Rücktritt schon mitgeteilt, als der ›Spiegel‹ noch nicht davon Lunte gerochen hat.«

»Manchmal ruft er mich mitten in der Nacht an und liest mir ein selbstgedichtetes Liebesgedicht vor. Wenn man bedenkt, daß er eine Weltfirma leitet...«

»Er soll darauf bestanden haben, daß ich an seiner Talkshow teilnehme, dabei habe ich zu diesem Thema gar nichts beizutragen.«

»Was würden Sie zu den Weizsäckers anziehen, Krawatte oder Fliege?«

»Er hat es bis heute nicht verwunden, daß Alice ihn mit seinem besten Freund betrogen hat.«

»Demnächst wird er in Sidney zum ersten Mal eine Oper inszenieren, aber sage es bitte noch niemandem.«

»Er hat mir alles über seine Mutter-Bindung erzählt, daraus erklärt sich ja das meiste...«

»Er haßt Venedig, New York übrigens auch.«

»Am liebsten ißt er ganz deftige Sachen. Ich koche ihm immer eine Kartoffelsuppe, von der kann er gar nicht genug kriegen.«

»Alfred Brendel hat vor seinem Konzert noch auf meinem Flügel geübt.«

»Sie geht wahrscheinlich zu Rowohlt, es darf aber noch niemand wissen.«

»Ich war in der engeren Auswahl für diese Position,

aber dann wurde mir ein totaler Schwachkopf vorgezogen.«

»Es war eine Jugendliebe, wahrscheinlich würde er mich heute kaum wiedererkennen . . . er war so süß damals.«

»Ich kannte ihn, als er am Aachener Theater für den Intendanten das Bier holen durfte. Er hatte damals schon so etwas Gewisses.«

17. *November:* Ich überrumpelte meine Hörer mit einem furiosen Auftakt: »Hat schon jemand von Ihnen den neuen Kaurismäki-Film gesehen?« Knut und Barbara hatten.

»Wo? Er läuft doch noch gar nicht bei uns, ja, Barbara?«

»Wir haben ihn in einem kleinen Vorstadt-Kino von Helsinki gesehen, unter ganz normalen Finnen. Wir haben nicht alles verstanden, aber es war ein starkes Erlebnis.«

»Knut?«

»Ich kann zur letzten Schnittfassung nichts sagen. Aki zeigte mir in Lissabon eine Rohfassung, da war viel Material dabei, das er dann nicht verwenden konnte. Er zeigte mir dann aber auch schon Entwürfe seines nächsten Films. Er hat mich allerdings zu strengstem Stillschweigen verdonnert, jedenfalls handelt es sich um ein Musical.«

Melchior warf ein: »Aber die ganze Story konnte man doch schon vor Wochen lesen.« Ich warf Melchior einen anerkennenden Blick zu.

Lisa fand: »Kaurismäki ist insgesamt stark überschätzt. Für mich zählen nur seine allerersten Filme, die man bei uns gar nicht zu sehen bekam.«

Anita hatte diese Variante anzubieten: »Man könnte es auch so formulieren: Ich glaube, den neuen Kaurismäki schenke ich mir. Was Neues hat er nicht zu sagen, ich ziehe mir aber immer wieder gerne seine ersten Kurzfilme, die ich auf Video habe, rein.«

Ich steuerte folgenden kleinen Beitrag bei: »Ich war mal in einem Kreis von Cocteau-Verehrern, die jede Facette seines Gesamtwerks kannten und auseinandernahmen.

Nur einer saß ganz still in einer Ecke und hörte schweigend zu. Wir wollten uns schon bei ihm dafür entschuldigen, daß wir, ohne Rücksicht auf ihn zu nehmen, ein ihn offenbar langweilendes Thema behandelt hätten. Er winkte lächelnd ab und sagte: ›Ich geriet mal so um 1950, nein, es war wohl 1951, in ein winziges Kino in Nizza, wo einer seiner ersten Filme, ein Dreißig-Minuten-Dokumentarfilm, gezeigt wurde, wie hieß er noch, ja, *Das Einhorn*, darin war eigentlich schon der ganze Cocteau enthalten, leider ist das Kino am nächsten Abend mit der einzigen Kopie abgebrannt.‹ Das verschlug den Cocteau-Verehrern glattweg die Sprache.«

Ich fragte: »Woran erkennt man einen Filmfreak? Anita?«

»Er kennt alle Griffith-Filme, nebst einiger wiederhergestellter Kopien, von denen einige Griffith selbst nicht gesehen haben kann.«

»Ich besitze die ersten hundert Chaplin-Kurzfilme.«

Nach einer Kaffeepause schob ich eine Frage ein: »Was ist der augenblickliche Trend im allgemeinen Kultur-Diskurs?«

Marion zeigte sich auf der Höhe der Zeit: »Man liest wieder. Das gute Buch ist gefragt. Fontanes Wanderungen durch die Mark Brandenburg, Goethes Wahlverwandtschaften, natürlich Adalbert Stifter, eventuell Jean Paul...«

»Hand in Hand damit geht... Alf?«

»Tiefe Verachtung für das Fernsehen, besonders gegen Talkshows.«

»Wie kann man diese Abneigung zeigen?«

Lisa meinte dazu: »Hinweise auf Fernsehsendungen kühl kontern mit dem Hinweis, daß man gar kein Gerät besitze, was technisch stimmen mag, meistens steht aber so ein Kasten im Zimmer einer Mitbewohnerin oder der Haushaltshilfe.«

Karsten setzte hinzu: »Man läßt sich milde lächelnd von Freunden berichten, was so gesendet wurde, gibt dann aber zu erkennen, daß man offenbar nichts Wesentliches versäumt habe.«

Wir beendeten dieses Thema, blieben aber bei der Kultur. Ich schlug ein kleines Brainstorming vor. Thema: kulturelles Pottern. Lydia machte den Anfang, die anderen folgten ihrem Beispiel:

»Für mich ist Hideo Hakjawa der größte japanische Lyriker, leider immer noch unübersetzt. Ich hatte das Glück, an eine indische Übersetzung zu geraten.«

»Ich gehe mit Goethe schlafen und stehe mit Goethe auf.«

»Ich sage nur, die Bibel, die Bibel und nochmals die Bibel.«

»Und nun ein kurzer Blick auf die Bildende Kunst.«

»Die besten Bilder hält Polke zurück, er zeigte mir neulich seine jüngsten Arbeiten exklusiv, die Kunstwelt wird Augen machen!«

»Tut mir leid, aber mit Odile Redon kann ich nun mal nicht viel anfangen.«

»Diesen Rasierpinsel hat mir Josef, ich meine Beuys, einmal einfach in die Hand gedrückt. Ich ließ ihn dann rahmen.«

»Nach Breughel kam eigentlich in der Kunst nichts Nennenswertes.«

»Mir sagt der moderne Kunstbetrieb nicht viel, ich habe mich ganz der mittelalterlichen Kunst zugewandt und mich auf gotische Kirchentüren in der Bretagne spezialisiert.«

Alf bat um Gehör und machte sich sehr wichtig: »Kunst, liebe Freunde, was ist das überhaupt? Ich weiß es nicht, vielleicht kann es mir einer sagen?«

»Bravo!« lobte ich dieses schöne Beispiel und bat um weitere Beiträge zu unserem Thema.

»Warum muß man die Monet-Ausstellung im Centre Pompidou nicht unbedingt sehen, Iris?«

»Weil man die viel umfassendere in São Paulo gesehen hat.«

»Weil ich Monet nur in kleinen Häppchen zu mir nehme, mehr verträgt mein Magen nicht.«

»Ich habe meinen Monet in meinem Kunstschrank, wenn ich dann ab und zu ein paar Blätter herausziehe, genügt mir das.«

»Ach, wissen Sie, Monet kann doch einem Cézanne einfach nicht das Wasser reichen...«

Opfer, Märtyrer: Abteilung Querdenker

19. November: »Unser heutiges Thema lautet: Wie kann man sich als Querdenker einen Namen machen? Ja, Harald?«

»Indem man als Frau ein wüstes Pamphlet gegen den Feminismus vom Stapel läßt.«

Verena ergänzte ihn: »Die männliche Überlegenheit als gottgegeben anerkennt, den Frauen empfiehlt, zu Küche und Kirche zurückzukehren, den Sinn des Weibertums im Dienen erkennen.«

»Wie kann so einer sich in der Theologie einen Namen machen, Bob?«

»Indem man als praktizierender Katholik so ungefähr alle Glaubenssätze der Kirche in Frage stellt, angefangen von der jungfräulichen Geburt Jesu bis zur Unfehlbarkeit des Papstes, und es dadurch mindestens so weit bringt, von jedem Lehramt entbunden zu werden, wodurch so einer fast schon den Märtyrer-Status erreicht hat.«

»Weitere Beispiele? Jens?«

»Der Nationalkonservative, der eine Lanze für Stalin bricht und für seine drakonischen Maßnahmen Verständnis aufbringt.«

»Der Kapitalismus ist allerdings menschenverachtend, das sage ich als Kapitalist.«

»Wen haben wir da noch?«

»Den hochrangigen Offizier, der bei allen Friedensmärschen mitmarschiert.«

»Oder den Juden, der für die Rechte der Palästinenser eintritt und Israel für einen Riesenfehler hält.«

»Ein Schwuler, der über einen anderen Schwulen ›diese Schwuchtel‹ sagt.«

»Als liberale Frau die Abtreibung generell ablehnen.«

»Als Ex-Achtundsechziger für eine autoritäre Erziehung eintreten.«

»Als Schwarzer für die Apartheit votieren.«

»Als ehemaliger Maoist ein positives Adenauer-Buch verbunden mit reuigen Schuldbekenntnissen schreiben.«

»Als Liberaler bin ich natürlich gegen die Todesstrafe, obgleich – neuerdings bin ich nicht mehr so sicher – es gehört allerdings Mut dazu, diesen Zweifel zu äußern.«

Trauer und Tod

20. November: Wir waren am Ende unseres Seminars angelangt, und mir stand zugleich der Abschied von Schloß Bahlenberg und dem Institut bevor, dem ich soviel zu verdanken hatte. An diesem Tag hielt ich es für angemessen, das Thema Trauer und Tod zu behandeln, ein Thema, das selbst unter Potterianern umstritten ist und von Stephen Potter wohlweislich gemieden wurde. Dabei stellt sich die Frage von selbst: Wo läßt sich eindringlicher pottern als angesichts des Todes? »Freddy, was erscheint Ihnen dabei besonders wichtig?«

»Ich möchte der sein, der bei dem lieben Freund genau in dem Augenblick das Sterbezimmer betritt, um ihm gerade noch die Augen zuzudrücken, ohne vorher an seinem Bett gewacht zu haben, das hätte ich nicht ausgehalten.«

»Wanda?«

»Ich hätte noch gerne seine letzten Worte gehört, bevor seine ganze Sippschaft eintrudelt.«

»Wie ist das mit der obligaten Trauerfeierlichkeit? Harry?«

»Man sollte etwas zu spät kommen, vielleicht auf dem Höhepunkt der Predigt durch den Pfarrer, der dem Toten so nahe stand, und sich dann unauffällig, aber alle Blicke auf sich ziehend, bis zum aufgebahrten Toten durchwinden und in stiller Andacht vor ihm verweilen. Das könnte die ganze Totenrede um ihren Sinn bringen.«

»Lydia?«

»Ich bin der Trauerfeier für meinen Geliebten ostentativ ferngeblieben, als wollte ich damit die Trauer seiner Witwe respektieren. Ich hörte aber später befriedigt, daß man sich in Gedanken vornehmlich mit meinem Fernbleiben beschäftigt hat.«

Ich fragte: »Wenn man keine Lust hat, an so einer Trauerfeierlichkeit teilzunehmen, obwohl das allgemein von einem erwartet wird, was dann? Alf?«

»Man läßt unüberhörbar durchblicken, daß man diesen äußerlichen Kram ablehne – auch der verstorbene Freund hätte sich in diesem Sinne eindeutig geäußert, aber anscheinend sei keinem sein Wunsch heilig –, man fühle sich dem Toten sowieso näher, wenn man während der Trauerfeierlichkeit das kleine Café aufsucht, wo man so oft mit ihm geplaudert hat.«

Lydia nannte einen anderen Grund: »Ich bin so erschüttert, daß ich befürchte, ich könnte am offenen Grab von meinen Gefühlen überwältigt werden und dem Toten ins Grab folgen.«

Wanda: »Ich brauche keine scheinheilige Trauerfeier. Ich trage Kuno im Herzen.«

»Sein letzter Wunsch war, daß nur ich ein paar Worte am Grabe spreche« sagte Harro mit pietätvoller Miene.

»Bei der Trauerfeier sollte man, wenn man mit dem Toten nicht verwandt ist, eintreffen, bevor seine ganze Sippschaft aufkreuzt, und den Pfarrer in ein Gespräch verwickeln, so daß man dann praktisch zur Familie gehört.«

»Bei der Trauerfeier an einer Säule abseits von den anderen in tiefer Andacht verharren. Sich um Gottes willen nicht in eine Bank zu den Hausangestellten zwängen.«

»Ein kleines schwarzes Bändchen noch Monate nach dem Hinscheiden des Verblichenen am Sakko macht sich immer gut und seinen Träger für Wochen unantastbar.«

»Gerade wenn man dem Toten eher fernstand, ja, eigentlich mit ihm heillos zerstritten war, sollte man ihn im Kreise seiner besten Freunde, wenn deren Stimmung gerade auf dem Höhepunkt ist, erwähnen. Sinngemäß, was er wohl dazu meinen würde, wäre er jetzt bei uns. Vielleicht etwas von ihm zitieren, eine typische Bewegung oder ein Lachen erwähnen.«

Ich fragte: »Wie lange dürfen Witwen und Witwer Trauer tragen? Gunhild?«

»Im Grund nur solange, bis sie merken, daß sie von den anderen gemieden und nirgendwohin mehr eingeladen werden.«

Ich warf eine letzte Frage auf: »Wie kann ein echter Potterianer noch nach seinem Tod den Erben so manch hübschen Streich spielen?«

Margot empfahl: »Das todsicherste Rezept ist immer noch, das ganze Vermögen einer Stiftung für Leprakranke zu überlassen oder einem Tierheim oder notleidenden Künstlern. Oder alles entweder der treusorgenden Haushälterin oder einer späten Geliebten.«

Alf schlug vor: »Man könnte unpassende Erbgaben hinterlassen: ein Auto für eine passionierte Autohasserin ohne Führerschein zum Beispiel, oder das Bild eines Malers, den der Erbe widerwärtig fand.«

Dann meldete sich Heribert: »Ich würde ein Tonband hinterlassen, wo ich den lieben Freunden und Verwandten

176

versichere, daß ich sie alle nie leiden konnte und froh bin, sie nun niemals mehr vor Augen zu haben.«

Das war das Schlußwort. Ich wünschte den Teilnehmern meines Seminars viel Erfolg auf ihrem weiteren Weg durch das Potterland und umarmte sie alle, aber als ich Freddy umarmen wollte, schreckte er leicht, dabei aber lächelnd, zurück: Ich sollte es nicht persönlich nehmen, aber er lehne nun mal diese Bussi-Bussi-Kultur grundsätzlich ab. Ich lächelte ihm anerkennend zu. Das war One upmanship, an der hätte unser aller Meister, dem wir soviel verdanken, seine helle Freude gehabt.